모정불심

어머니, 당신이 부처님입니다

모정불심
어머니, 당신이 부처님입니다

1판 1쇄 발행   2024년 4월 25일
1판 2쇄 발행   2024년 5월 20일

지은이   박원자
발행인   원명
편집인   각운

대표   남배현
본부장   모지희
편집   김옥자 손소전
디자인   정면
경영지원 허선아

펴낸곳   조계종출판사
주소   서울시 종로구 삼봉로 81 두산위브파빌리온 1308호
전화   02-720-6107
전송   02-733-6708
이메일   jogyebooks@naver.com
등록   제2007-000078호(2007.04.27)
구입문의 불교전문서점 향전(www.jbbook.co.kr) 02-2031-2070

ISBN 979-11-5580-218-2 03220

조계종
출판사 지혜와 자비의 눈으로 세상을 바라봅니다.

모정불심

母情佛心

어머니, 당신이 부처님입니다

박원자 지음

조계종
출판사

어머니,
세상의 모든 자식들을
일어서게 하는 원동력

얼마 전 출가한 지 반세기를 훌쩍 넘기신 한 노스님께 여쭈었다.

"출가란 뭘까요?"

스님이 답하셨다.

"출가란 내가 머물던 작은 집을 나와 우주를 내 집으로 삼아 사는 길이지요."

우주를 집으로 삼아 살아가는 길은 과연 어떨까. 짐작할 수조차 없다. 그러나 얼마나 자유로울까. 그것을 경험한 노스님의 내면세계가 진심으로 부러웠다. 그런데 자식이 선택한 출가의 길이 이렇게 자유로운 길임을 눈물로 자식을 떠나보낸 어머니들은 알까?

출가에 대한 이야기가 나오면 자연스레 어머니 얘기가 나

오기 마련이다. 그날 어머니 이야기를 하시던 노스님의 눈가
가 잠시 촉촉해졌다. 어머니가 아흔 살이 넘어 세상을 떠나셨
는데, 돌아가시기 한 해 전에 이렇게 말씀하시더란다.

"네가 집을 나가 돌아오지 않을 때 매일 동네 버스정류장에
서 막차가 올 때까지 기다렸다."

그동안 이야기를 하지 않아 어머니가 자신을 기다렸는지
까맣게 몰랐던 것이다. 상상해본다. 온다 간다 말없이 집을 나
간 아들이 행여 돌아올까, 막차 시간까지 버스정류장에서 기
다리는 젊은 어머니를. 그 젊은 어머니가 아흔 살이 넘어 비로
소 '네가 돌아오지 않아 그토록 매일 기다렸다'고 고백하는 장
면을.

어머니들은 그런 존재다. 끝내 돌아오지 않는 자식 때문에
가슴 저려도 자식이 선택한 삶을 응원하며 입을 다문다. 자식
의 삶에 대해 옳다 그르다 분별하지 않기 때문이다. 어머니를
관세음보살로 비유하는 것도 이 때문이다. 관세음보살은 이
분별하는 한 생각이 비어 있음을 깨달은 보살이다. 그래서 그
어떤 것에도 집착하지 않는다. 지나간 것을 한탄하지도 원망

하지도 않는다. 다가올 미래에도 두려움이 없다. 더할 것도 뺄 것도 없이 지금 이 순간에 충실하기 때문에 화려한 현재를 산다. 관세음보살이 머리에 화려한 보관을 쓴 모습으로 표현되는 이유가 여기 있다. 따로 불교를 공부하지 않았어도 그걸 본능적으로 알고 살아가는 존재가 어머니 아닌가 싶다.

'어머니의 마음'과 맞바꿀 수 있는 단어가 세상에 있다면 그것은 '불심'일 것이다. 그 어떤 것에도 물들지 않은 불성의 마음, 불심佛心. 그 순수함이 자식에게 가닿아 그들이 어떠한 상황에서도 일어설 수 있는 원동력이 되어주었을 것이다.

몇 년 전 어머니가 돌아가셨을 때 가장 먼저 떠오른 생각은, '이제 나보다 나를 더 믿고 사랑해주는 존재는 이 세상에 없겠구나!' 하는 것이었다. 자식을 낳아 길러보니 알겠다. 어머니는 내 존재의 뿌리이며 영혼으로 직통 연결되어 있는 존재라는 것을. 말하지 않아도 내 생각이 그대로 전해지고 내 모든 게 자식의 것이 되는 것을 보면서, 어머니라는 존재와 역할이 자식에게 얼마나 큰 영향을 끼치는지를 깨닫지 않을 수 없었다.

두 아이의 어머니가 되고 나서 스님들과 인터뷰를 할 때 어머니에 대한 이야기가 나오면 자연히 더 귀를 기울이게 되었다. 어떠한 어머니였기에 저리도 훌륭한 수행자를 자식으로 두셨을까. 출가의 길이란 정성을 다하여 키운 자식을 세간 밖의 세계로 보내는 일이며, 어쩌면 영영 이별일 수도 있는 길인데, 어머니들은 어떤 마음으로 자식을 떠나보낸 걸까, 그 후의 삶은 어땠을까 등등 많은 상상을 하게 된다.

그 어떤 한 생각, 혹여 아무리 좋은 생각일지라도 그것에 집착하지 않는 것이 수행의 시작이라고 한다. 오죽하면 지극한 도는, 미워하고 사랑하는 이분법적인 생각에서 벗어난 그 자리에 있다고 했겠는가. 어머니라는 존재는 생명의 근원이기도 하고 어머니로 인해 자식이 세상이라는 장에 뿌리를 내리고 성장하지만, 기묘하게도 수행자에게는 사랑을 끊는 첫 번째 대상이기도 하다.

그런데 참 이상하게도 스님들은 어머니 이야기가 나오면 동심으로 돌아가는 것 같았다. 어느 한 이야기도 따뜻하지 않

은 것이 없었다. 자식의 은사 스님 앞에서 삼배를 올리며 모쪼
록 큰스님을 만들어달라고 했던 어머니, 딸 셋을 출가시키고
나중에 수행자 딸들과 함께 한 철 안거를 난 뒤 세연을 다한
어머니, 출가한 아들이 편안한 생활에 안주하려는 기미가 보
이자 걸망을 들려주며 어서 이곳을 떠나 더 정진하라고 재촉
했던 어머니도 계셨다.

총명했던 자식이 열다섯 어린 나이에 출가해버리자 너무
절망한 나머지 지아비마저 집을 나가고 홀로 자식들을 키우
며 온갖 고생을 했던 어머니가 세월이 흐른 뒤 출가한 자식에
게 던진 한 마디는, "니 혼자 부처 되면 뭐 하노?"였다.

어머니 이야기를 하면서 눈시울을 적시던 스님들. 그리도
냉정하게 가족을 떠난 분들에게 어머닌 어떤 존재일까? 그 어
머니들은 자식에게 무엇을 전했을까? 거기서 우린 무엇을 배
워야 할까? 그 물음을 따라 '모정불심'을 테마로 〈현대불교신
문〉에 연재를 시작했다. 이 책은 2021년 1월부터 2022년 6월
까지 1년 6개월 동안 실린 글을 추린 것이다. 책을 내면서 주
변의 추천으로 두 분의 스님을 추가했고 조금 수정을 가했다.

책이 출간될 수 있도록 허락해주신 스님들과 연재되는 동안 성원을 보내주었던 독자들에게 진심으로 감사드린다.

  귀한 이야기 들려주신 스님들, 삶 자체가 감동인 그 어머님들, 그리고 이름만으로도 위대한 세상의 모든 어머니들께 합장 올린다.

2024년 봄, 박원자

4장   참 좋은 인연

일러두기

· 이 책에 실린 글 순서는 인터뷰순입니다.
· 글에 언급된 숫자(법랍 등)와 소임 등은 인터뷰 당시를 기준으로 하였습니다.

1장

비우고 비워서
허공이 되고

어쨌든 건강하게
잘 있어라

법전 스님(전 조계종 종정)

　　2014년 입적하신 법전 스님과는 회고록 형
식의 자서전을 준비할 때 인연이 되어 스님의 일생을 듣게 되
었다. '절구통 수좌'라는 별명과 함께 말씀이 없기로 유명한
스님이 가장 순수하게 동심으로 돌아간 순간이 어머니에 대
한 추억을 말씀하실 때였다. 세속의 정이란 정은 다 떼어버렸
을 스님이 그리도 세세하고 따스하게 어머니를 떠올리다니,
예상치 못한 일이었다.

　　법전 큰스님은 열네 살에 부모님 곁을 떠나 백양사 청류암
으로 들어갔다. 속가에 두면 일찍 단명할 거라는 주역가의 말
을 듣고 부모님이 내린 결단이었다. 집을 떠나는 어린 아들에
게 어머니는 담담하게 '어쨌든지 건강하게 잘 있어야 한다'

는 이야기만 하고 어린 아들의 손을 놓았다. 아마도 어머니는 막내아들의 명만을 생각했을 것이다. 스님은 그때만 해도 곧 돌아오리라 생각했다. 어깨를 들썩이며 흐느껴 우는 어린 아들을 청류암에 두고 떠나면서 아버지가 이렇게 말했기 때문이다.

"울지 마라, 내일 네 어머니와 다시 오마."

순진한 열네 살 소년은 그 말을 철석같이 믿었다. 행자생활이 시작되면서 매일 암자 뒤 산등성이에 올라가 부모님을 기다렸다. 책을 읽다가도 인기척이 나면 번개같이 달려 나갔고, 부엌에서 일을 하다가도 발자국 소리가 들리면 쏜살같이 나갔다가 눈물을 훔치면서 돌아섰다. 하루도 빼놓지 않고 3년 동안 그러했다.

"어머니는 희로애락에 감정을 드러내지 않는 침착하고 강인한 분이셨어요. 밖으로 나돌며 활달하게 사셨던 아버지를 대신해 농사지으며 아들 셋, 딸 하나를 키웠지만 큰소리 한번 내는 법 없었고, 집안 사정이 아무리 어려워도 누구한테 아쉬운 소리 한번 하지 않은 분이셨어요."

감정을 잘 표현하지 않고 체구가 작은 것은 어머니를 닮았다고 하셨다. 어머니는 농사철은 물론 농한기에도 물레질을 하느라 잠시도 쉴 틈이 없었다. 한 번도 한가롭게 쉬지 못하고 일만 하는 어머니가 안쓰러워 어른이 되면 어머니는 내가 모셔야 한다고 생각했었다고 한다.

부모님은 3년이 다 되어가도록 한 번도 청류암에 오지 않았다. 스님은 호남 제일의 율사이자 도인으로 소문난 노스님(묵담 스님)이 얼마나 무서웠던지 집에 가고 싶다는 소리를 입 밖에 한 번도 내지 못하다가, 어느 날 그만 옆에 행자에게 집에 가고 싶고 엄마도 너무 보고 싶다는 말을 하고 말았다. 어찌어찌 그 말이 묵담 스님 귀에 들어갔고 곧 노스님 앞에 불려 갔다. 묵담 스님은 3년 전 입고 왔던 저고리를 가져오게 해서 입어보라 하더니, 그새 키가 자라 훤히 드러난 팔뚝을 만지면서 말씀하셨다.

"여기 이만큼 드러난 팔뚝이 보이지? 이건 네가 여기 와서 밥 먹고 큰 살이 아니겠느냐. 집에 가려거든 여기 와서 자란 팔을 베어놓고 가거라."

그 후로는 두 번 다시 집에 간다는 소리를 입 밖으로 내지 못했다.

절에 온 지 정확히 3년이 되는 날, 아버지가 청류암으로 왔고 다음 날 아버지를 따라 집으로 돌아갔다. 그런데 반전이다. 그토록 보고 싶었던 어머니는 사립문 밖에 서 있는 아들을 보고는, 마치 어제 나간 자식 대하듯 "기남(스님의 속명)이 왔니?" 딱 한 마디만 하고는 가던 길을 가셨다.

그 이야기를 하시던 스님의 표정은 몹시도 서운했을 열일곱 소년 그대로였다. 3년 동안 하루도 기다리지 않은 날 없이 보고 싶었던 어머니가 그렇게 담담하게 대한 것이 어쩌면 스님이 다시 절로 돌아가 정식으로 출가하는 데 결정적인 역할을 하지 않았을까 싶다. 만약 그때 어머니가 정으로 끌어안아 놓아주지 않았으면 어떻게 되었을까, 부질없는 생각을 해본다. 어머니는 그렇게 위대하다는 생각과 함께.

스님은 며칠 후 고향에서 멀지 않은 불갑사에 놀러 갔다가 출가했다. 그리고 그때 집을 나온 이후로 부모님을 찾지 않았다. 치열한 정진 끝에 오도를 하고 문경의 깊은 산골짜기에 허름한 토굴을 짓고 선농일치의 삶을 살고 있을 때, 처음 아버지가 찾아왔다. 어머니가 평소 앓던 가슴앓잇병이 심해져 병원에 일곱 달째 입원해 있는데 '눈감기 전에 막내아들을 보고 싶으니 데려와달라' 애원한 것이다.

아무리 담대한 어머니라도 죽음 앞에 섰을 때는 열일곱 살 이후 얼굴 한번 보지 못한 아들이 보고 싶었을 것이다. 그동안 어머니는 한국전쟁을 겪으면서 집에 있던 두 아들을 모두 잃었다. 그러자 남편은 참회하는 마음으로 절에 들어가 출가자처럼 살고 있었다. 얼마나 가슴이 팍팍했겠는가. 그러나 스님은 밤새 생각한 끝에 어머니를 만나러 가지 않기로 했다.

"너무 오랫동안 보지 못한 아들을 보면 섶에 불붙듯 자식에 대한 애착이 더해진 채 세상을 떠날 것인데, 결코 어머니에게 도움이 되지 않을 거란 생각에 그런 결론을 내렸어요."

집을 떠나온 출가자로서 부모 형제를 위해서는 그쪽으로

한 발자국도 옮길 수 없다는 아들의 모진 말에 아버지는 "범소유상 개시허망이로다(凡所有相 皆是虛妄, 무릇 존재하는 모든 것은 실체라고 할 만한 것이 아무것도 없도다)."라는 《금강경》의 한 구절을 내뱉고는 산을 내려갔다. 그리고 곧 조카에게서 어머니가 돌아가셨다는 편지를 받았다. 물론 토굴 밖을 나서지 않았다. 출가해서 공부하려면 부모 형제를 원수처럼 알아야 한다는 자신과의 약속을 어길 수는 없었다. 출가수행자로서는 그것이 부모의 은혜를 갚는 길이며, 만약 작은 정에 이끌리게 되면 자기는 물론 부모까지 지옥으로 인도하는 결과를 가져온다는 것이 스님의 신념이었던 것이다.

이쯤에서 생각해본다. 수행자로서 스님은 그렇다 치고 스님의 어머니는 어떠셨을까. 끝내 얼굴 한 번 보여주지 않은 비정한 아들을 두고 눈을 감은 어머니는 과연 애착을 끊으셨을까? 아마도 내 아들이 가는 출가의 길이란 부모의 정조차 끊어내는 단호한 각오와 처절한 수행이 아니면 안 되는 길이라 그토록 그리워한 내 앞에도 오지 않았으리라 이해하셨을 것 같다. 자식의 모든 것을 자비로 수용하는 것이 어머니 아닌가. 그리고 그리도 큰 도인을 낳은 어머니이시니 고래 심줄보다 질기다는 애착을 끊고 천상에 나셨으리라. 냉정하기 짝이 없었던 아들 때문에 깨달음을 이루었던 저 중국의 황벽 선사의 어머니처럼 말이다.

시대가 바뀌면서 승가에서의 효에 대한 개념도 바뀌었다. 이제는 스님들도 부모님을 찾아뵙고, 가족들과 접하면서 불법을 전하기도 한다. 그렇지만 스님은 자신을 시봉하던 손상좌(제자의 제자)의 부모가 돌아갔을 때 절 주지에게 대신 문상을 가보라고 일렀을 뿐 결코 손상좌에게 문상을 허락하지 않았다. 스님에겐 공부를 철저히 해서 도를 깨치고 중생을 교화하는 것만이 부모의 효를 갚는 길이라는 신념이 철저했던 것이다. 평소 젊은 수행자들이 잠시라도 게으른 모습을 보이면 부모의 은혜를 저버리고 출가했는데 화두 없이 방일하게 살면 되겠느냐, 너희를 산으로 보내면서 피눈물 흘렸을 부모님에게도 도리가 아니니 목숨 걸고 공부할 것을 독려했던 스님다운 모습이다.

스님을 만나 뵐 때가 두 아이를 한창 키우고 있을 때였다. 내가 잘 살아야 자식도 잘 기를 수 있다는 건 알겠는데 어떠한 것이 잘 사는 길이며 지혜롭게 사는 것인지 늘 불투명하기만 했다. 그래서 한평생을 오로지 마음공부에 쏟아부었던 스님께 잘 사는 길에 대해 여쭈었다.

"부지런해야 합니다. 공부도 남을 돕는 것도 부지런한 사람이 합니다. 지옥이 따로 있는 게 아니라 게으른 게 지옥이지요. 그러나 부지런함에는 반드시 지혜가 따라야 합니다."

"그 지혜란 무엇인가요?"

"정직하게 사는 것이 지혜로운 거예요. 남은 물론 자신을 속이지 말아야 합니다. 성실하게 살면서 어떤 일 앞에서도 정직하면 일이 복잡하지 않고 간단해집니다. 자신을 속이고 남을 속이면 일이 복잡하고 어렵게 흘러가요. 무슨 일을 하든 정직하고 부지런한 사람이 깊이 들어가게 됩니다. 극락을 다른 데서 찾을 필요 없습니다. 정직하고 성실하게 살면 그 자리가 바로 극락이에요."

정직하고 부지런해라. 어찌 보면 평범한 그 말씀이 오랜 시간이 흐른 지금까지도 따스한 온기로 가슴에 남아 있다. 스님이 한평생을 철저히 그렇게 살아온 분이셨기에 더욱 큰 울림으로 다가왔을 것이다. 그리고 나이 들어서도 때로 어떻게 살아야 할 것인가라는 물음 앞에 길을 잃은 것처럼 휘청일 때 스님의 저 말씀을 떠올리며 다시 일어서곤 했다.

스님께 자식의 교육에 대해서도 여쭈었다. 수십 명의 제자를 기르고 또 많은 손상좌들에게 모범이 되며, 총림의 방장으로 계시면서 수백 명의 수행자들을 아우르는 방장 스님의 답변이 궁금했다.

"남을 속이지 않고 정직하게 살며 한편으론 자비심으로 남을 돕고 살아가도록 가르쳐야 합니다. 그러나 무엇보다 자신의 근본(본래면목, 불성, 참나)을 알게 해야 합니다. 내가 (자신이) 누구인지 모르고 사는 것은 맹인이 어둠 속에서 세상을 살아가는 것과 같습니다. 앞이 보이지 않으니 걸핏하면 부딪칠 수

밖에 없어요."

　생명의 근본인 참나를 깨칠 수 있도록 자식을 지도하는 일이 부모의 가장 큰 역할임을 알고 자신의 근본을 찾는 마음공부를 하는 데 솔선수범해야 한다는 말씀이었다. 나는 스님의이 말씀을 깊이 공감하고 실천하려고 노력해왔다. 이 말씀이야말로 스님이 이 세상 모든 부모들에게 주신 가장 큰 선물이었다는 생각이 든다.

착하게 사는 게
염불이지

월암 스님 (한산사 용성선원장)

월암 스님은 중학교 2학년 때 출가했다. 머리 좋고 모범생이던 장남이 경주의 한 절에서 법문을 듣고 출가해버리자 부모님은 망연자실했다. 아들이 경주 최고 명문 중학교에 들어갔으니 판검사는 따놓은 당상이라 여기고, 시골의 논밭을 팔아 경주 시내로 이사까지 했던 아버지는 비감한 마음을 이기지 못하고 집을 나가 돌아오지 않았다. 아들 셋을 둔 어머니는 '집에서 어떻게 교육했기에 애가 집을 나가느냐'는 지아비의 닦달에 죄인이 되어 아무 말도 못 했다. 그저 홀로 남아 농사지으며 어린 아들 둘을 키웠다.

"기가 막히고 서운하셨겠지만 내색은 안 하셨어요. 말씀이 없었고 매사에 무던한 분이셨어요. 그냥 선한 분이셨습니다."

누구보다 기대를 걸었던 큰아들이 출가해 돌아오지 않으

니 어머니의 일생이 얼마나 신산했을지 짐작이 가고도 남는
다. 도를 이루어 중생을 구제하리라 뜨겁게 발원하고 출가를
감행했으나, 왜 어머니에게 죄송한 마음이 없었겠는가.

그로부터 10여 년이 흐른 뒤 고향에 계신 어머니를 찾았다.
제대 후 다시 발심을 다지며 지리산 칠불암에서 기도를 마치
고 나오는 길이었다. 가난한 살림으로 동생들을 키우고 있는
어머니를 며칠이라도 모시고 있다가 돌아가고픈 마음이었다.

20대의 늠름한 청년이 되어 돌아온 아들을 본 어머니는 기
뻐하며 정성껏 찬을 준비해 밥상에 올렸다. 얼굴이 환해졌고
발걸음이 가벼웠다. 말씀은 안 해도, 세상 물정 모르던 어린
나이에 출가했다가 이제 철이 드니 집으로 돌아오려나 보다
라고 생각하는 것이 역력했다. 며칠을 더 묵으며 떠날 기회를
엿보다 7일째 되는 날 걸망을 챙겨 들었다. "어머니, 저 갑니
다." 하고 사립문을 나서는 아들에게 어머니는 그렇게 가야만
하는가 하는 눈빛으로 "마, 가나?" 하고 한 마디 했다.

스님께 여쭈었다.

"아무리 스님들이 냉정하다 해도 그때 어머니를 두고 나서
는 심정이 쓰리셨을 것 같아요."

"좀 마음이 아팠죠. 그러나 어차피 돌아가야 하니까 뒤도 안
돌아보고 뚜벅뚜벅 걸어 나와 왔어요."

그런데 이 무정한 이별이 스님에게 마음의 빚으로 남아 있

었던 걸까. 그로부터 30여 년이 지난 어느 해 겨울, 다시 어머니가 사는 고향 집을 찾았다. 생각해보니, 나이 쉰이 넘도록 부모님을 한 번도 봉양해본 적이 없었다. 밥 한 끼 지어드린 적 없고 용돈 한 번 드리지 못했다. 돌아가시고 나면 마음이 아플 것 같았다. 그래서 어머니를 봉양하며 기쁘게 해드리는 것을 수행으로 삼아 그해 동안거를 고향 집에서 나기로 했던 것이다.

그동안 스님은 30대 중반에 중국 북경대학으로 유학해서 선학禪學으로 박사학위를 받았다. 중국에 있는 10년 동안 중국 동포를 대상으로 포교에 있는 힘을 쏟았다. 그리고 돌아와 몇 달간 지리산 벽송사에 머물며 수백 명의 사부대중 앞에서 사자후를 토해냈다. 무문관無門關에도 들어가 정진했다. 그리고 세간의 수많은 중생들에게도 뜨거운 법문을 쏟아내 무명의 눈을 뜨게 해주었다.

어머니는 때때로 아들 스님이 법문하는 곳을 찾아 사람들 눈에 띄지 않는 곳에 앉아 법문을 들었다. 사람들이 간혹 물었다.

"보살님, 아드님이 큰스님이 되어서 좋으시지요?"

그럴 때면 어머니가 물었다.

"큰스님이 뭔교?"

아들 스님은 가끔 자신을 찾아오는 어머니에게 염불하며 사시라고 권했다. 그런데 어쩐지 어머니는 염불을 열심히 하는 것 같지가 않았다.

"염불 잘하고 계십니까?"

"따로 무신(무슨) 염불이 있나? 착하게 사는 게 염불이지."

남달리 신심이 뛰어난 것도 아니고, 아들이 중생교화에 뜻을 두고 목숨을 내놓은 것처럼 공부할 때 농사를 지어 남은 자식들을 키웠던 갑남을녀의 평범한 어머니가 아들 스님보다 한 수 위였던 것 같다. 지금, 이 자리에서 할 일 하며 무심히 사는 게 도道라면 말이다.

쉰 중반에 들어선 아들 스님이 집에 머물자 칠순이 넘은 어머니는 말할 수 없이 기뻐했다. 아들은 밥을 하고 반찬을 만들어 어머니께 올렸다. 어머니는 스님 아들이 차려주는 밥상을 받기가 불편했다. 며칠이 지나 어머니가 밥상을 차리기 시작했다. 아들에게 밥을 지어주는 기쁨을 빼앗는 것 같아 아들도 더 이상 우기지 않고 어머니가 지어주는 밥상을 받았다.

3개월 동안 시장에 함께 가서 장도 보고 목욕탕에도 모셔다 드렸다. 고향 가까운 절에 가서 함께 절도 올리고 바닷가로 드라이브도 나갔다. 일찍 지아비를 보내고 장성한 자식들은 객지에 나가 살아 홀로 지내던 어머니는 한겨울 내내 얼굴에서 웃음꽃이 사라지지 않았다. 모처럼 친구들에게 아들 스님 자랑도 했다. 어머니가 즐거워하시는 모습을 보고 잘했다는 생각에 비로소 마음의 빚을 덜었다.

다시 10년 후, 스님은 여든여섯의 어머니와 영원히 작별했다. 눈감기 하루 전, 중환자실에서 1인 병실로 옮겨 혼수상태로 계시던 어머니는 아들 스님의 문안을 받았다. "'괜찮으세요?'하고 묻는 아들 소리에 기다렸다는 듯 눈을 번쩍 떴다.

"별일 없죠? 지금 가서도 되겠죠?"

어머니는 고개를 끄덕였다. 아들은 죽음을 앞둔 어머니께 《원각경》〈보안보살장〉을 읽어드렸다.

> 시방세계 모든 중생들 몸과 마음 모두 환과 같아서
> 몸뚱이는 사대(지수화풍)로 이루어지고
> 마음은 육진六塵에 돌아감이라.
> 사대 뿔뿔이 흩어지고 말면 어느 것이 화합된 것이런가.
> 이와 같이 차례로 닦아나가면 모든 것이 두루 청정하여서
> 움직이지 않고 온 법계에 두루하리라.
> 짓고 그치고 맡기고 멸할 것도 없고 또한 증득할 이도 없는 것이니
> 모든 부처님 세상일지라도 허공에 아물거리는 꽃과 같으리.
> 과거 미래 현재의 삼세가 모두 평등함이니 마침내 오고 감도 없는 것.
> 처음으로 마음 낸 보살이나 말세의 모든 중생들이
> 부처의 길에 들고자 한다면 이와 같이 닦고 익히라.

어머니는 눈을 감고 편안한 모습으로 과거 미래 현재가 둘이 아니니 오고 감도 없는 것, 부디 이를 알고 오로지 평안하시라는 아들의 간곡한 법문을 마음으로 들었다. 그리고 아들이 자신의 손을 잡고 부르는 본래면목 생명의 그 자리인 '아미타불' 염불을 마음속으로 따라 불렀다. 그렇게 두어 시간이 흘렀다. 이번에도 아들이 어머니를 뒤로하고 일어났다.

"저 갑니다. 언제 가실지 모르니까 정신 바짝 차리고 아미타불을 부르세요."

고개를 끄덕이며 아들과 이별한 어머니는 다음 날 새벽에 눈을 감았다. 월암 스님은 어머니의 사십구재 날, 〈어머니의 독백〉이라는 시를 지어 영전에 올렸다.

도통골에서 자라나 가마골로 시집갔다.

아들 셋 낳았다고 칭찬 들을 때는 몰랐네. 늘그막에는 딸이 보배라는 것을.

큰아들 학교 입학해서 백 점 맞아 왔을 때 처음으로 신랑에게 큰소리 한 번 쳤다.

못 배운 어미 배 속에서 백 점짜리 나왔다고.

사랑하는 내 아들아, 부디 공부 잘해 판사 되고 검사 되소.

이 어미도 어디 한번 호강하고 살아보게.

욕심이 과하면 동티가 난다더니 큰아들 출가하고 남편마저 가출하니 남은 것은 철부지 어린것들.

여기저기 귓속말 들려온다. 저 집 아들 중질 갔단다.

집 나간 두 남자, 그리고 집에 남은 두 남자. 구멍 뚫린 가슴 모진 바람 지나간다.

부모 복 없으면 남편 복 없다고 어디 자식 복 있겠냐만. 그래도 우리 시님 법회 온다 소식이 있어

뒷자리 숨어 난생처음 법문을 듣고 보니, 이제사 알겠다 어미 배 속에서 부처가 나온 것을.

어쩌랴, 기쁨도 잠시 중생심이 발동하니 니 혼자 부처 되면 뭐 하노.

자식은 어미를 버릴 생각이 있지만 어미는 자식을 버릴 마음이 없다는데

한 자식 출가하면 구족이 승천한다고 어디 한번 물어갈 수 있는지.

다음 생엔 절대로 중 엄마 되지 마소. 차라리 중이 되고 말지.

어머니의 마음이 되어 이토록 절절한 시를 올린 스님에게 어머니는 어떤 의미였을까?

"내가 세상에 나오도록 몸을 빌려주신 분이죠. 못난 이 중생을 인도하려고 보살의 화현으로 오셨는지도 모르죠."

오로지 중생제도를 위해 뜨겁게 한 생을 바친 스님께 "어머니를 제도하셨습니까?" 물었다.

"내가 제도한 바도 없고 어머니도 제도받을 분도 아니고.

어머니는 어머니의 길을 가셨고 저는 제 길로 가는 겁니다,
그냥."

　법문을 할 때마다 쩌렁쩌렁 큰 소리로 '지금 그대들의 본래
면목은 안녕한가' 묻는 월암 스님에게 이 시대 어머니의 역할
에 대해 물었다.

　"어머니는 여자가 아니에요. 항상 자리이타가 몸에 배어 있
는 대승보살이어야 합니다. 명예나 돈, 출세 등의 허상을 강요
하는 자식 교육이 아닌, 다른 사람을 배려하고 더불어 살아야
한다는 인간성을 키워주는 교육을 해야 합니다."

　어머니라면 어떤 것이 가치 있는 삶인가를 수시로 묻고, 마
음공부를 게을리하지 않으며, 자리自利가 곧 이타利他임을 알
고 실천해야 자식이 올바른 길로 갈 수 있다는 말씀으로 들렸
다. 세상사 제행무상諸行無常이 아닌 것이 없으나 동서고금을
막론하고 대승보살로서의 어머니 역할엔 변함이 없을 것 같
다.

군밤 석 되에
싹이 나면 오지요

일진 스님(운문사 율주)

　　　　　　　　자식이 어릴 적엔 맛있는 음식을 앞에 두거
나 아름다운 풍경을 보고 다닐 때 자식 생각이 났다. 아이들이
성장하고 나니, 가슴속까지 후련해지는 법문을 듣거나 감동
적인 책을 봤을 때 그들이 떠오른다. 진리에 대한 이야기를 서
로 나누며 공감할 때는 기쁨이 배가 된다.
　누구나 경험했을 이 모정은 예나 지금이나 똑같은 것 같다.
부처님 당시의 일이다. 파사익 왕과 그의 부인 말리가 부처님
의 법문을 듣고 감동해서는 이웃 나라 왕에게 시집간 딸, 승만
을 떠올린다. 우리 딸과 이 좋은 법문을 함께 들으면 얼마나
좋을까 하고. 인류의 스승 부처님이 설한 인생의 이치에 관한
법문을 들었을 테니, 그 기쁨이 얼마나 컸겠는가. 당연히 자식
도 그 기쁨을 맛보았으면 했을 것이다. 그게 부모의 마음이다.

이 지혜로운 부부는 딸 승만이 보리심을 발했으면 하는 마음을 담아 편지를 써서 궁녀를 통해 보낸다. 승만은 부처님의 공덕을 찬탄한 부모님의 편지를 받고 바로 부처님께 귀의한다. 부모의 간절한 마음이 딸에게 그대로 전해진 것이다. 깨달음에 대한 깊은 마음을 내었고, 결과적으로 승만이 주인공으로 등장하는 대승경전인 《승만경》을 탄생시켰다.

승만 부인이 부처님 앞에서 다짐한 열 가지 발원(승만 부인 십대원)은 수많은 어머니들의 발원으로 이어졌으니, 실로 한 어머니의 간절한 마음이 시공간을 초월하여 대보살들을 만들어내고 있는 것이다. 나는 이 발원문을 읽을 때마다 세상의 어머니들이 이 열 가지만 실천한다면 진정한 어머니 보살이 되리라 확신한다. 열 가지 원을 간단하게 줄여 소개하면 이렇다.

세존이시여, 저는 오늘 깨달음에 이를 때까지 계를 범하지 않겠으며, 교만한 마음을 일으키지 않겠으며, 모든 중생들에게 화를 내지 않겠으며, 질투하지 않겠으며, 인색한 마음을 내지 않겠습니다. 가난하고 고통스러운 중생을 구제하는 데 아낌없이 재물을 쓰겠으며, 보답을 바라거나 싫어하고 만족하는 마음 없이 중생을 거두겠습니다. 어려움에 처한 중생을 보면 외면함 없이 도와주어 그들이 고통에서 벗어나도록 하겠으며, 청정한 계를 범하는 이들을 보면 외면하지 않고 거둬들이겠으며, 정법을 받아들여 끝내 잊지 않겠습니다.

그로부터 2600년의 세월이 흘러 한국의 비구니 스님 한 분이 많은 사람들에게 《승만경》의 가르침을 전하고 있다. 《승만경을 읽는 즐거움》을 출간한 운문사 율주 일진 스님이다. 학인 시절부터 《승만경》을 즐겨 읽었고, 출가해 반세기에 이르는 동안 인연 있는 불자들과 이 경전을 함께 공부하며 그들을 교화하고 있다.

"세상의 어머니들이여, 순간순간 안녕하고 편안해지이다."

자식이 아무리 절망스러운 상황에 있다 하더라도 어머니가 흔들림 없이 편안한 마음을 가지면 자식은 반드시 일어선다는 믿음으로, 스님은 이렇게 발원하고 있다.

아주 오래전 나는 일진 스님의 출가 이야기를 들었다. 한참 뒤 스님을 다시 뵈었을 때, 어머님의 안부를 물었다. '내 출가의 첫걸음은 어머니와 함께 시작되었으며, 어머니는 나를 수행자로 안내해준 선지식이었다'는 스님의 고백이 각인되어 있었고, 늘 환한 미소를 잃지 않으며 행복해 보이는 이 아름다운 수행자를 낳아 기른 어머니는 어떻게 사셨는지 궁금했던 것이다. 스님이 들려준 어머니의 마지막 가시는 모습이 무척 감동적이었다.

어머니는 마흔 살에 늦둥이 일진 스님을 낳았다. 1남 6녀의 막내였다. 어머니는 한 달에 두 번 서산 집 근처 팔봉산에 있는 암자에 올라갔다. 몇 대째 독자인 아들을 위한 신성한 기도 때문이었다. 폭설이 내린 겨울 어느 날에는 호랑이가 지나간 발자국을 따라 절에 올라가기도 했다. 부처님이 보호해주리라는 믿음으로 조금도 무섭지 않았다고 했다. 그 곁에는 언제나 막내딸이 있었다. 바삭바삭 풀 먹인 어머니의 광목 치마저고리에서는 언제나 풀 냄새가 났다. 지금까지 또렷하게 기억되는 어머니 냄새였다.

절에 가기 전 정성을 다해 옷을 손질하고, 부처님께 올릴 떡을 만들던 그 신성한 몸짓이 곧 진정한 기도였을 것이다. 나는 이런 이야기를 들을 때마다 참회하곤 한다. 오직 자식을 위해 기도하는 순수 무잡한 그 간절한 마음이 불심의 자리 아닐까. 나는 자식을 위해 저리도 간절하고 정성스러운 기도를 해보았는지, '정성' 하나면 되는 것인데 너무 복잡하게 살고 있는 것은 아닌지.

스님이 초등학교 다닐 때다. 천둥 번개가 몹시도 휘몰아치던 날, 쓰고 있던 우산마저 내던지고 먼 길을 걸어 학교에서 돌아왔을 때, 겁에 질린 막내딸을 품에 꼭 안으면서 어머니가 그랬다.

"무서울 때는 '관세음보살'을 부르면 돼."

'관세음보살'이라는 단어는 막내딸의 가슴에 포근한 느낌으로 살포시 내려앉았다. 그 뒤 무서울 때는 꼭 관세음보살을 불렀고, 마음이 편안해지는 경험을 했다. 어머니가 선물한 '안

심공부'였다.

어머니를 따라 서산 개심사에 자주 다녔던 막내는 학인 스님들이 수업을 마치고 언덕을 내려오는 모습을 보면 마음이 설레곤 했다. 찰랑거리는 가사 장삼 사이로 보이는 푸른 하늘과 스님들의 모습이 너무나 아름다웠다. 무시로 가슴속에 스며들었던 그 아름다운 풍경을 선물해준 분이 어머니였다.

가끔 개심사 스님들이 집에 오시면 어머니는 정성스레 음식을 장만해 올렸다. 이모처럼, 사촌처럼 가깝게 느껴졌던 스님들은 여섯이나 되는 따님들에게 '너는 내 상좌 하자'며 미소 지었다. 딸들의 가슴은 신심으로 물들었고, 그러는 사이 둘째와 다섯째 딸이 출가했다.

막내인 일진 스님은 초등학교 5학년 때 출가를 결심했다. 서울로 유학 와서 고등학교를 졸업한 뒤 어머니의 환갑날, 많은 식구들이 모였을 때 출가를 선언했다. 어머니는 든든해하며 말했다.

"그래, 언니 스님들이 있으니까!"

어머니는 한 남자를 만나 집을 떠나는 출가出嫁와 만인의 스승이 되는 길로 떠나는 출가出家가 확연히 다르다는 것을 알고 있었던 것이다.

"그렇게 아드님을 위해 신성에 가까울 정도로 기도를 하셨는데, 첫 손자가 어렸을 때 사고로 세상을 떠났어요. 그 상심으로 인해 더 발심하셨던 것 같아요. 세속에서의 삶이 얼마나 덧없는가를 아셨을 테니 세 딸들의 출가를 당연하게 받아들이셨겠죠."

그로부터 30여 년이 흐른 늦가을 어느 날, 70여 년을 해로한 지아비를 저세상으로 떠나보낸 어머니는 막내딸 스님과 하룻밤을 보냈다. 쇠약해진 여든여덟의 어머니는 동갑내기 지아비의 죽음이 실감 나지 않는 듯 불안해 보였다. 따뜻하게 어머니를 위로하는 스님에게 어머니가 물었다.

"스님, 이제 또 가셔야 되남유?"

"저 절에 가지 말까요?"

"아닙니다, 가셔야 됩니다. 이왕 가셨는데 아주 가셔야지요."

스님은 그날 어머니의 말씀을 들으면서 다시 진발심했다고 한다. 기왕 출가했으니 철저히 공부해야 하지 않겠느냐는 깊은 경책으로 들렸다는 것이다. 그날 밤, 스님은 어머니 머리맡에 입던 가사를 놓아두면서 "제가 여기 있다 생각하고 정신 바짝 차리고 나무아미타불 염불하면서 잘 지내셔야 합니다."라는 말씀을 드리고 떠나왔다. 그런데 얼마 후, 어머니가 곡기를 끊었다는 연락이 왔다. 어머니를 모시고 있던 아들, 며느리에게 이렇게 말했다는 것이다.

"너희 아버지가 가셨으니 발 씻겨드리고 양말 빨 일 없지 않느냐. 이제 할 일 다 했으니 이만 가련다."

소식을 듣고 딸 스님들이 달려왔다.

"추운 겨울에 눈이라도 오면 상을 치르느라 자손들이 고생해요. 그러니까 겨울 잘 나시고 내년 봄 개나리꽃 필 때 가시면 좋겠어요."

"그게 마음대로 되남유? 옛날에 어떤 사람은 갈 때가 되니까 산속에 들어가서 자기 몸을 짐승에게 주었다는군요. 그렇게 가는 것도 아주 좋은 일이어유."

두런두런 죽음에 대한 이야기를 꺼내놓는 어머니에게 막내딸 스님이 물었다.

"아유, 그렇게 가셨다가 언제 오시려고요?"

"군밤 석 되에 싹이 나면 오지유."

구운 밤에 싹이 나올 리가 만무했으니 다시는 윤회의 세계에 들지 않겠다는 심중을 전한 것이다. 세 따님을 부처님 제자로 만들어 만인의 스승이 되게 한 어머니다운 선언이었다. 한 자식 출가에 구족이 승천한다고 했으니, 스님의 어머니는 영원히 윤회의 굴레에서 벗어나셨으리라.

그해 겨울, 둘째 딸 스님이 도반과 함께 어머니 곁에서 동안거를 났다. 마치 은사 스님을 시봉하듯 틀니를 닦아드리고 평소 좋아하던 음식도 만들어 올렸다. 운문사에서 강의를 하던 일진 스님도 짬을 내어 어머니가 계신 대전 집을 오가며 어머니의 염불 정진을 도왔다.

수행자 따님들의 당부대로 어머니는 다음 해 개나리꽃이 일제히 꽃망울을 터뜨리던 봄날에 다시는 돌아오지 않을 곳으로 떠났다. 일진 스님이 운문사 강사를 오래 한 덕에 장례식에는 운문사 강원 졸업생 스님들이 모두 와서 염불을 하는 장관을 연출했다. 수행자들이 부르는 청아한 염불 소리를 들으며 스님의 어머니는 본래면목의 자리로 돌아가셨으리라.

"출가해서 독신으로 수행한다고 하지만 저희 어머니만 할까요? 열여섯에 결혼해 여든아홉에 가시면서, 그렇게 어려운 사바세계의 길을 변함없이 정성스럽게 한길로 가신 어머니를 따라갈 수 없을 것 같아요. 사바세계에 오셔서 어머니는 할 일을 다하고 가셨죠."

오랜 세월 강원에서 후학들을 가르치면서 그들의 어머니가 되었고, 또 이 땅의 수많은 어머니들을 교화하고 있는 일진 스님께 진정한 어머니의 역할에 대해 물었다.

"인생에서 주인공으로 살라는 말을 자주 하는데, 진짜 주인공은 자기주장을 내세우지 않고 고개 숙여 사람들을 보살피는 분들이에요. 누구를 탓하거나 원망하지 않고 당당하면서도 고개를 숙이는 사람이 웃으며 살 수 있죠. 웃으며 살아야 웃으며 죽을 수 있어요. 정말 용서할 수 없는 일일지라도, 손해를 보더라도 품어내는 것이 어머니들이 할 일이 아닌가 싶습니다."

그 어떤 것도 다 품어내며 만물을 성장시키는 대지와 같은 모성을 지닌 어머니가 이 풍진세상을 살아내는 진정한 보살이지 않겠느냐는 말씀이었다. 스님의 어머니가 그랬던 것처럼.

우리 막내아들 스님,
수명 장수하게 해주소

지범 스님(제주도 불광사)

《부모은중경》은 부모님의 은혜가 얼마나 크고 깊은지 그 은혜에 어떻게 보답해야 할 것인지를 설한 불교 경전이다. 부모의 열 가지 은혜를 10장으로 나누어, 잉태의 순간부터 세상을 떠나는 마지막까지 자식 걱정을 떨쳐버리지 못하는 가없는 부모의 은혜와 사랑에 대한 보은의 방법, 그리고 그 어려움을 설명하고 있다. 이 경전을 읽고 있으면 부모님의 은혜를 모른 채 얼마나 불효하며 살아왔나를 뼈저리게 깨닫게 된다. 자신을 낳고 길러주신 부모님의 은혜를 깨우치고 효를 실천하게 하는 효경孝經인 셈이다.

자식이 집을 떠나 길을 나서면
어머니 마음도 타향에 있네.

죽어서 영이별도 서러웁거늘
살아서 생이별은 더욱 아파서 흐르는 눈물은 마를 날 없네.
자식이 괴로울 땐 대신하시고 고달픈 육신을 걱정하시네.
어머니 높은 연세 백 살이어도 팔순의 그 아들을 걱정하느라
가슴에 한숨은 쉴 날이 없네.

    ―〈근심걱정〉(조영근 작곡,〈부모은중경〉중에서)

    노모 한 분이 대극장 한쪽에 앉아 이 노래를 들었다. 생때같은 자식 여섯을 저세상으로 먼저 보내고, 혼신의 힘으로 살려 낸 막내아들이 부르는 노래가 애절하게 다가왔다. 파란만장했던 지난 팔십 평생이 파노라마처럼 스쳐 지나갔다. 손수건을 꺼내 눈물을 닦았다. 잠시 후 노래를 다 부른 아들이 한평생 자신을 위해 기도하며 살아온 어머니를 무대로 모셨다. 한복을 곱게 입은 어머니는 무대 중앙에서 기다리는 아들 곁으로 다가가 마이크를 건네받았다.

    "지금 노래를 부른 여기 지범 스님은 제 막내아들입니다. 어려서 홍역을 호되게 앓았어요. 죽은 줄 알고 이불에 싸서 방 윗목에 두었는데 다음 날 일어나보니 깨어서 울고 있더군요. 그렇게 살아났는데 홍역 후유증 때문인지 말을 몹시 더듬는 아이가 되었어요. 몸도 허약했지요. 여덟 남매 중 가장 아픈 손가락이었습니다. 그런데 이렇게 훌륭한 부처님 제자가 되어서 노래를 부르는 스님이 되었어요. 잘난 열 아들 부럽지 않

습니다."

제주도 문예회관 대극장을 꽉 채운 1500명의 관객들은 일제히 어머니에게 뜨거운 박수를 보냈다. 객석은 눈물바다가 되었고 박수 소리는 좀처럼 그치지 않았다. 아들 스님은 가슴이 먹먹해져 한참이나 다음 노래를 부르지 못했다.

지범 스님은 부모님의 은혜를 설한 〈부모은중경〉을 비롯해 〈찬불명상곡〉, 〈선시명상곡〉 등을 음반으로 내고 노래를 통해 불음佛音을 전하는 스님으로 널리 알려져 있다. 제주도의 조촐한 토굴 불광사에서 어머니를 모시고 살며 효도를 다한 스님으로도 유명하다.

지범 스님의 어머니는 열여섯 살에 백양사 근처 장성으로 시집와서 아들 다섯, 딸 셋을 낳았다. 열아홉에 첫아들을 낳은 뒤 늦둥이 막내아들을 마흔쯤에 낳았다. 그런데 서당 훈장을 할 만큼 총명하던 큰아들이 병을 얻어 열여섯 살에 세상을 떠났다. 뒤이어 자식 둘이 큰아들을 따라갔다. 어린 자식 셋을 잃은 어머니는 망연자실했다. 자식의 단명을 막기 위해 넷째 아들을 출가시켰다. 엎친 데 덮친 격으로 말을 심하게 더듬던 막내아들이 시름시름 앓으며 좀처럼 건강해질 기미를 보이지 않았다. 이렇게 놓아두었다가는 남은 자식들도 언제 잃을지 모르겠다는 절박한 마음에 백양사 석산 스님을 찾아갔다.

어머니는 젊을 때부터 백양사에 다니며 만암 노스님을 비롯해 서옹 스님, 석산 스님 등을 모셨다. 면에서는 그래도 알아주는 넉넉한 살림살이였던 터라, 햅쌀이 나오면 수레에 싣고 백양사로 가서 공양을 올리곤 했다. 불사가 있을 때는 화주를 도맡아 했다. 경전을 읽고 '관세음보살'을 입에 달고 살 만큼 신심이 깊은 분이었다. 걸인들에게 먹을 것, 입을 것을 챙겨주고 어려운 이웃을 돌봤다. 어머니를 찾는 사람들로 늘 집이 북적일 만큼 덕화가 깊은 분이었으나 자식들을 먼저 앞세우는 불행은 막지 못했다.

집안 사정을 잘 알고 있던 석산 스님은 막내아들을 출가시키라고 권했다. 절에 와서 기도하며 살면 단명할 팔자를 면할 수 있다는 스님의 말씀에 어머니는 막내아들의 손을 잡고 백양사로 갔다.

"너는 몸이 약하니까 부처님께 귀의해야 오래 살 수 있어."

절에 홀로 남은 열세 살의 막내아들은 절집의 모든 게 낯설고 무서웠다. 첫날부터 수곽의 물소리가 얼마나 크게 들리던지 잠을 잘 수가 없었다. 사흘 만에 절에서 나와 산 넘고 물 건너 70리 밖 집으로 갔더니 어머니가 소리 없이 눈물을 흘리셨다.

"그럼, 절에서 엄마랑 같이 살자. 너는 절에 있어야 살 수 있어."

다시 아들의 손을 잡고 백양사로 갔다. 막내아들이 마음을 잡을 때까지 함께 있어줄 요량이었다. 어머니가 곁에 있자 아들은 마음을 잡고 행자생활을 시작했다. 어머니는 아들이 염불을 익히고 책 읽는 것을 바라보며 오로지 자식의 장수를 위해 기도했다. 그러나 어머니의 불행은 그치지 않았다. 단명을 막아보려고 출가시켰던 넷째 아들이 학교를 다니다가 그만 병을 얻어 열일곱에 죽은 것이다. 좀처럼 아픔을 내색하지 않던 어머니였다. 모든 게 내 업이라며 부처님께 의지해 참회기도를 하던 어머니였으나, 이번에는 슬픔을 이기지 못한 채 자주 담뱃대를 찾았다. 다행히 막내아들이 수계하고 신심을 일으키더니 통도사 강원으로 공부하러 떠났고, 어머니는 집으로 돌아갔다.

지범 스님이 강원을 졸업하고 범어사, 대흥사 등 제방에서 정진한 다음 제대하고 돌아와보니, 어머니는 먼저 떠난 자식들이 남기고 간 아이들 등 여덟 명의 식솔을 책임지며 고단하게 살고 있었다. 차마 어머니를 두고 떠날 수가 없었다. 감당하기엔 현실이 너무 벅차게 느껴졌다. 수행자의 길에서 바라본 성불도 멀어 보였다. 머리는 남보다 앞서가는데 말은 늘 눌변이었던 상처는 출가해서도 나아지지 않았다. 우울감이 깊어져가던 어느 날, 감정을 주체하지 못하고 나쁜 마음을 먹었다. 한 움큼의 약을 입에 털어 넣은 것이다.

"깨어나 보니 병원이었어요. 피눈물을 흘리고 있는 어머니가 보이는데 정신이 번쩍 들었습니다. 아들딸 여섯을 가슴에 묻은 채 고단한 삶을 묵묵히 참아내며 막내아들인 저마저 단명할까 봐 가슴 졸이며 기도하신 어머니에게 불효막심한 일을 저질렀다는 생각이 들더군요."

수행하면서 그토록 찾으려 몸부림쳤던 '부처'가 다름 아닌 어머니였다. 자신을 낳아 기르고 수행자가 되게 해 목숨을 건지게 한 어머니가 바로 관세음보살이었다. 부모 없는 손주들을 키우고 집 나간 남편이 밖에서 얻은 자식들까지 기르고 있던 어머니가 바로 지장보살이었다.

전화위복이라고 했던가. 지범 스님은 어머니를 보며 분연히 일어섰다. 이제 내가 어머니를 살리리라. 어머니를 모시고 제주도 절로 갔다. 그곳에서 신도들을 교화하는 한편 백양사, 대흥사, 선운사 등 큰 절에 가서 탁발을 해 어머니 대신 조카들을 키웠다.

그러던 어느 날이었다. 조카 중 하나가 말썽을 피워 혼쭐을 낸 것이 화근이 되었다. 충격을 받은 조카가 의식불명 상태에서 깨어나지 못한 것이다. 어머니는 울었고, 스님의 등에서는 식은땀이 흘렀다. 깨어나지 않으면 그보다 더 큰 불행은 없을 터였다. 어머니의 기도 덕이었을까, 다행히 조카는 사흘 만에 깨어났다. 마음이 더 갈 수밖에 없었던 열다섯 살의 조카에게 스님이 '너, 절에 가서 살래?' 하고 물었다.

조카가 따라나서자 지범 스님은 자신의 은사를 사형으로 해서 조카를 출가시켰다. 조카는 절에 들어가자마자 잠재해 있던 재능을 드러내기 시작했다. 2년 만에 검정고시로 중고등학교 과정을 마치더니 동국대학교를 졸업하고 미국으로 유학, 하버드대학교에서 종교학 박사학위를 받았다. 지금 예일대학교 종교학과 교수로 한국불교를 서구에 전하고 있는 일미 스님이 그 조카다. 어머니는 손자가 출가해서 출중한 수행자로 성장하는 것을 바라보면서 무척 기뻐하셨다.

어머니의 은혜를 깊이 깨닫고 불효를 참회했던 지범 스님은 〈부모은중경〉을 노래로 만들어 부르기 시작했다. 그것이 어머니의 은혜를 갚는 길이라고 생각했다. 선시를 명상곡으로 만들어 앨범을 발표하고 노래했다. 노래를 부르면서부터 오랫동안 자신을 괴롭혀왔던 눌변 증세에서도 벗어났다. 부처님께 음성 공양을 올리며 포교할 수 있는 재능을 준 어머니에게도 감사하게 되었다. 어렸을 때부터 말을 더듬다가도 노래만 부르면 물 흐르듯 막힘없이 낭랑한 소리로 바뀌곤 했던 음악적 재능이 어머니의 오랜 기도로 꽃을 피운 것이다.

어머니도 아들 스님이 부르는 노래를 듣고 깊이 박혀 있던 삶의 상처를 치유했다. 무겁고 두터운 업이 벗겨지는 것처럼 시원했다. 아들 스님의 발걸음은 교도소, 군부대, 산사음악회 등으로 이어지며, 많은 사람들의 심금을 울리고 부모님의 은혜를 일깨웠다. 백양사 방장이었던 서옹 스님은 '불음의 맑은 바람이 온 누리에 퍼지다'라는 뜻을 담은 휘호 '청풍잡지淸風

迤地'를 써주며, 음성 포교가 포교의 첨단이라고 격려했다.

자식을 향한 어머니의 기도는 영원하다고 했던가. 어머니의 기도는 멈추지 않았다. 앉으나 서나 자나 깨나 염주를 돌리며 '관세음보살, 아미타불'을 부르던 어머니는 잠자리에 들어 주무실 때도 손가락을 움직였다. 여든이 넘어서는 무명 손수건을 만들어 이웃 사람들에게 나눠주기 시작했다. 한 땀 한 땀 손수건 가장자리를 꿰매며 '우리 막내아들 스님 수명 장수하게 해주소' 하고 기도했다.

말년에는 《아미타경》을 독송하며 아미타불을 부르던 어머니는 아흔한 살에 눈을 감으셨다. 제주도에서 주는 '장한 어머니상'을 받고 곡기를 끊은 지 10일 만에 아들 스님의 어깨에 기대어 처음 왔던 그곳으로 돌아갔다.

"생명을 탄생시키고 길러주신 우리들 부모님은 다 부처님입니다. 자식들이 영원히 섬겨야 할 할 대상이자 종교 그 자체죠."

그냥 그곳에
있기만 하세요

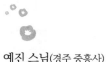

예진 스님(경주 중흥사)

우리나라 배우 최초로 아카데미 여우조연상
을 받은 윤여정 씨는 평소 자신은 생계형 배우라며, 이혼한 후
어린 아들 둘을 키우기 위해 고군분투했던 삶을 있는 그대로
밝혀온 멋진 어머니다. '배우는 돈이 필요할 때 가장 좋은 연
기가 나온다'는 명언을 남긴 바 있는데, 아카데미 수상 소감에
서도 자신을 일하러 나가게 만든 아들들에게 고마운 마음을
전했다. 윤여정이 제주도 해녀로 분한 영화 〈계춘할망〉에서
부모 없는 손녀에게 이렇게 말하는 장면이 있다.

"세상에 온전한 내 편 한 사람만 있으면 인생은 살 만하단
다. 이제부터 내가 널 응원할 테니 네 맘대로 한번 살아봐."

이러저러해서 할머니가 죽음을 앞두었을 때 손녀가 이렇게
고백한다.

"할머니! 진짜 잘 살아볼게, 진짜 잘 살게."

세상 모든 어머니와 자식 사이에 흐르는 깊은 강물과도 같은 사랑의 힘을 그대로 드러낸 대화가 아닐까 싶다.

윤여정 씨의 수상 소감을 들으면서 반세기에 걸쳐 연기생활을 해온 75세의 노배우만큼이나 아름다운 83세 어머니 한 분을 떠올렸다. 50년 동안 시골의 자그마한 세탁소를 경영하며 자식 둘을 출가시킨 예진 스님의 어머니가 그 주인공이다. 멀리 경주에서 중생교화의 나날로 바쁜 예진 스님은 어머니를 이렇게 정의했다.

"우리 어머니요? 저를 끝까지 출가의 길을 걷게 한 신장님이자 관세음보살이시죠."

스님을 볼 때마다 '이분은 화라는 걸 내본 적이 있을까' 생각해보게 된다. 늘 얼굴에 환한 미소가 가득하다. 누가 무엇을 부탁해도 바로 그 자리에서 오케이다. 물 흐르듯 지금 여기를 전부로 사는 분이다. 출가의 뜻을 조금이라도 가진 젊은 사람들이 스님을 보면 바로 출가하지 않을까 싶을 정도로 출가수행자의 길을 행복하게 걷고 있는 스님이다. 실제로 스님은 요즘 보기 드물게 상좌가 여럿 있다. 그래서 나는 내심 스님을 '행복공작소 소장'으로 부른다.

예진 스님은 스물여덟에 출가를 결심했다. 대학 졸업 후 직장생활을 하면서 공부를 더 하고 싶었다. 그런데 그 꿈이 곧 사라지고 말 세속적인 욕망에 지나지 않음을 발견했다. 허망한 욕망의 세계를 떠나 영원한 행복을 찾아 출가를 선택했다. 출가를 결심하고 자신이 소유했다고 여긴 모든 것을 정리했다. 이제 마지막 부모님과의 관계를 정리할 일만 남은 어느 날, 점심 밥상 앞에서 어렵사리 말을 꺼냈다.

"저, 절에 가겠습니다."

아버지는 숟가락을 내려놓고 밖으로 나가셨다. 어머니와 딸 사이에 긴 침묵이 흘렀다. 숟가락을 내려놓은 채 가만히 앉아 있는 어머니의 거친 손이 눈에 들왔다. 예진 스님이 태어나 처음 기억하는 어머니는 세탁소에서 빨래를 하고 옷을 수선해 다림질하는 모습이었다. 세탁기도 없던 시절, 수만 번 허리를 굽혔다 폈다 하며 남의 빨래를 빨아 헹구고 손질하던 어머니였다. 집안일에 큰 관심을 기울이지 않고 세탁일로 생계를 이어가는 것이 불만이었던 지아비가 큰소리를 내도 단 한 번도 맞대응하는 일 없이 인고의 세월을 보내온 어머니였다. 완고한 시어른과 가부장적인 남편을 모시고 사는 것이 버거울 때면 동네 절을 찾아가 부처님 앞에서 기도하며 모든 것을 내려놓고 돌아온 어머니였다. 이윽고 비장한 얼굴로 어머니가 입을 열었다.

"잘 생각했다. 내 사는 걸 봐라."

녹록지 않았던 어머니의 삶이 그대로 녹아든 고백이었다. 그리고 딸에게 이렇게 물었다.

"여자가 시집가면 봉사 3년, 귀머거리 3년, 벙어리 3년이라지만, 부처님 문중에 가면 봉사, 귀머거리, 벙어리 각 30년이라던데 할 수 있겠나?"

목숨을 내놓고 해보리라 선택한 길이었다. 당연히 할 수 있다고 생각했다. 어머니와의 담판은 싱겁게 끝났다. 한나절이 지나자 아버지가 돌아오셨다.

"심청이 공양미 300석을 바치고 인당수에 몸을 던져 아버지의 눈을 뜨게 했다는데, 이렇게 내가 부처님께 자식을 공양하게 될 줄 몰랐구나. 자식 넷을 키워봤지만 너는 유난히도 세상의 때가 전혀 안 묻던 순진한 자식이었다. 세상에 살려면 머리가 재빠르게 돌아가야 하는데, 그렇게 순진해서 세상에 살겠느냐? 너는 그 길로 가는 게 훨씬 나을 것 같구나."

인생에 대한 통찰력이 깊은 부모님 탓에 가벼운 마음으로 출가하던 날, 오빠가 운전하는 차에 부모님과 함께 탔다. 청도 운문사 일주문 앞에서 어머니와 이별했다. 어서 들어가라며 손짓하는 어머니를 뒤로하고 아버지가 딸의 손을 잡고 종무소로 향했다. 나중에 들으니 어머니는 딸이 사라지자 일주문 밖에서 통곡했다고 한다.

철들고 처음 잡아보는 아버지의 손은 따뜻했다. 많이 배운 분이었으나 가부장적이고 다감하지 않았으며, 어머니를 고생시키는 것 같아서 사랑하지 못했던 아버지였다. 그래서 가슴에 앙금도 많았다.

"'잘 견뎌라' 하시면서 손을 놓는 아버지 눈가에 맺힌 눈물을 보았어요. 그간 쌓였던 감정이, 겨우내 얼어 있던 호수 물이 봄볕에 쩍 하고 갈라지듯 스르르 녹아버렸어요. 아버지와의 사이에 흘렀던 업이라고 할까, 그런 것이 단번에 녹아지는 느낌이었죠."

출가하면 어머니가 많이 생각날 줄 알았다. 그런데 그 힘든 행자시절을 보낼 때 떠오른 건 그날 아버지와 손잡았던 따뜻한 감촉, 그리고 잘 견디라던 한 마디였다. 간혹 사람들이 호기심을 담아 "스님은 왜 출가하셨어요?" 하고 물으면 이렇게 대답한다.

"첫사랑에 실패해서요. 태어나서 처음 만난 남자가 아버지인데 그분에 대한 기억이 엉망진창이어서 출가했어요. 그런데 출가함으로 인해서 사랑이 온전하게 이루어졌죠."

많은 스님들이 부모님의 반대를 무릅쓰고 출가한다. 출가란 일단 세속과의 단절이자 부모님과의 영원한 이별이라 생각하기 때문에 더 그러하다. 예진 스님의 출가는 부모님의 적극적인 응원을 받았기 때문에 순조로웠을 것 같은데 그렇지도 않았다. 크고 작은 파도와 폭풍우가 몰아치지 않는 인생이 어디 있던가. '출가의 목적인 성불은 나중의 일이고 승가대학 졸업만 하면 된다'는 말이 있을 정도로 운문사는 규율이 엄격하고 일도 많고 고되었다. 당시 운문사 대중이 300명에 가까웠으니 하루에 1000여 명분의 공양을 준비해야 하는 후원의 일은 매일매일이 염라대왕의 심판장처럼 느껴졌다.

부모님은 방학 때 집에 인사하러 왔다가 가는 딸 스님을 차로 절 앞까지 바래다주었다. 그런데 어머니는 자식이 말을 안 해도 다 안다. 멀리 운문사 지붕이 보이면 '또 어떻게 견뎌야 하나, 이제 죽었다' 하는 생각에 불안감을 보이던 딸 스님의 손을 꼭 잡아주면서 이렇게 말했다고 한다.

"스님, 잘하려고도 못하려고도 하지 마세요. 그냥 그곳에 있기만 하세요. 그러면 언젠가 가랑비에 옷 젖듯 부처님 법에 젖는 날이 올 테니 다른 생각 하지 말고 절에 계세요."

나중에 경전을 공부하면서 보니 잘하려고 하지 말고 지금 그 자리에 있기만 하라는 어머니의 당부는 삶의 의미와 목적을 과거나 미래에서 찾지 말라는, 분별심 없이 현재 서 있는 그 자리가 극락이라는 조사들의 말씀과 다르지 않았다. 인고의 세월을 살아온 어머니의 삶의 철학이었던 것이다.

"두 분은 저를 단단하고 반듯한 스님으로 키워내려고 엄청난 노력을 하셨는데 제가 30대에 갈등의 시기를 겪었어요. 스님들로 이뤄진 공동체가 아닌 넓은 세상 밖으로 나가서 결제를 해봤으면 하는 시기가 있었죠. 나를 세상 한가운데의 실험 무대에 올려보고 싶었던 거예요."

어머니에게 그 뜻을 전했더니 이러시더란다.

"스님! 차라리 나를 죽이고 나오세요."

아직 속이 단단히 여물지 않은 어린 수행자가 세상 밖으로 나온다는 것은 출가의 길에서 벗어날 위험이 있음을 아셨던 것이다. 어머니의 강력한 반대에 바로 뜻을 접었다는 스님께 물었다.

"스님도 개성이 강한 분인데 어머니 말씀을 금방 수용하셨네요?"

"자식에 대해서만큼은 어머니가 항상 옳았으니까요. 어머니는 항상 출가한 저에게 집중하셨던 것 같아요. 대부분 부모의 반대를 무릅쓰고 출가하는데 저는 부모님의 강력한 응원에 의해 출가한 사람이잖아요. 두 분이 저를 반듯한 사람으로 키워내기 위해서 엄청난 기도와 공력을 들이신 것 같아요."

자식에 대한 어머니의 집중은 분별과 집착을 떠난 순수한 사랑이다. 그래서 금세 자식의 마음을 움직이고 나아가 더 치열하게 살게 한다.

예진 스님이 어느 날 집에 들러보니 어머니가 경상 앞에서 기도를 하고 계셨다. 막내아들이 출가하기를 발원하는 백일기도였다. 어머니의 바람대로 아들은 다니던 직장을 정리하고 출가했다. 어려서부터 신동 소리를 들으며 전교 일등을 놓치지 않아 아버지의 사랑을 독차지한 아들이었다. 먼저 출가한 누나 스님은 출가하겠다는 동생에게, 어머니가 자신에게 했던 것처럼 '잘 생각했다'며 불문에 들어온 것을 환영했다.

아버지는 그토록 사랑한 아들이 출가하자 수행자처럼 살았다. 겨울이면 자식이 그 추운 겨울 새벽에 일어나 도량석을 도는데 어찌 이불 속에서 발을 뻗고 잘 수 있느냐며, 새벽 세 시면 염주를 들고 먼동이 틀 때까지 꼬박 두 시간을 몸이 꽁꽁 얼도록 마을 뒷산을 걷고 또 걸으며 관세음보살을 염했다고 한다. 그리고 날마다 이렇게 기도했다.

"부디 성불해서 업 많은 이 애비를 제도해다오."

부모님은 지금도 딸 스님이 있는 절에 오면 청소만 한다. 쓰레기를 정리하고 풀을 뽑는다. '좀 쉬시라'는 스님의 말에 '내 업장을 청소해야죠' 하고 대답할 뿐이다. 그리고 어머니는 조용히 아들 스님의 사제나 딸 스님 상좌들의 가사 장삼을 거둬가 세탁해놓는다. 동네에 버려진 책이며 폐지 등을 모아놓았다가 폐지 줍는 사람에게 전해준다. 남을 돕는 일에 몸을 아끼지 않고 항상 웃는 모습으로 친절한 인사를 건네는 어머니의 모습을 예진 스님은 꼭 닮아 있다.

어머니는 지금도 늘 관음기도를 하며 재봉틀 앞에 〈이산혜연선사 발원문〉을 붙여놓고, 다음 생에는 아이로서 출가하기를 발원하고 있다. 딸 스님이 많은 사람을 행복한 삶으로 이끌어주기 위해 노력하는 모습을 보니 어느 제왕보다 더 훌륭한 최고의 인생이라고 생각하기 때문이다. 그래서 늘 딸 스님을 바라보는 눈길에 존경심이 가득하다.

"어머니는 두 자식을 출가시키려고 세상에 오신 분 같아요."

"그러잖아도 한 스님이 그러셨어요. 예진 스님 모친은 도솔천 내원궁에 계시다가 자식 둘을 스님으로 배출해 세상을 제도하게 하려고 태어난 분이라고. 저도 그 말씀에 전적으로 동감합니다."

구순을 넘긴 어머니는 지금도 일심으로 기도한다. 출가한 자식들이 스님의 길에서 후퇴하지 않고 가기를 바라는 마음뿐이다. 어느 자식과도 비교하지 않고 스님의 길을 가는 내 자식이 최고라며 응원하고 존경하는 예진 스님의 어머니가 진정한 관세음보살이 아닐까 싶다.

"비우고 비워서 허공이 되고 낮추고 낮추어서 바다가 되어야 어머니가 될 수 있죠. 그리고 참아야 돼요. 그게 부처님 마음이기도 하고요."

스님은 인생 문제로 찾아오는 사람들에게 저 말에 덧붙여 이렇게 말하고 있다.

"그냥 한 100일만 참아보세요. 안 되면 1년, 3년, 그래도 안 되면 30년 참으면 세상에 안 될 일이 없습니다."

스승과도 같았던 어머니 고영자(대명화) 보살님의 삶을 보면서 예진 스님이 깨우친 진리가 세상 사람들에게 그대로 전해지고 있는 것이다.

사랑으로
충만한 부처님이 되길

경국 스님(중앙승가대학 대학원)

출가 5년 차인 경국 스님을 불교 텔레비전 방송에서 처음 보았다. 밝고 경쾌했다. 그러면서도 수행자의 위의가 서려 있었다. '맞아, 어쩌면 출가란 저렇게 경쾌한 길인지도 몰라.' 그렇게 생각하면서 스님을 어느 찻집에서 만났다. 생각보다 더 유쾌하고 늠름했다.

"처음 출가했다가 돌아와 몇 년 뒤 다시 출가했는데, 실패의 원인을 분석해보니 출가를 너무 거창하고 무겁게 생각했더라고요. 출가가 뭐 별건가 어디에 있든 부처님처럼 살면 되는 것인데…. 그렇게 생각을 바꾸니까 가벼운 마음으로 출가할 수 있겠더라고요."

그렇다. 우리는 모든 걸 너무 심각하게 생각하는 것에 익숙해져 있다. 그래서 삶이 무겁다. 한 생각 돌이켜 내려놓으면 되는데, 생각을 들고 있느라 힘들다. 젊은 경국 스님은 이미 그걸 알아챘고, 그래서 경쾌한 발걸음으로 산문에 들어선 것이리라.

함께 모시고 나온 어머니를 뵈니 경국 스님의 경쾌한 출가가 어디서 비롯되었는지 더 분명해 보였다. 몇 시간 함께 있는 동안 한국불교의 앞날이 밝다는 생각이 절로 들었다. 엄마로서도, 재가 수행자로서도 새롭게 발심이 된 시간이었다.

경국 스님의 어머니 고성희 여사는 시어머니, 남편, 자식 둘 모두가 출가하는 특별한 광경을 지켜보았다. 그런데 그녀는 이 특별한 일들이 낯설게 느껴지지 않았다. 전생에 수행자로 살았던 사람들이 가족으로 만났다가 각자 자신의 자리로 돌아간 것이라고 믿고 있기 때문이다.

스무 살 즈음에 대학생이던 남편을 만나 연애를 시작했다. 자신보다 한 살 많은 이 남자는 만나면 부처님 이야기뿐이었다. 팔만대장경을 다 읽은 것 같았다. 석가모니 부처님은 인간으로 태어나서 정말로 사람다운 일을 하고 가신 훌륭한 분이라고 했다. 사랑으로 충만한 따뜻한 분으로 누구든 보듬어주고 안아주었으며, 자신을 내세우지 않고 가장 낮은 곳에 서서 중생에게 맞추고 순종하신 분이었다고 말해주었다. 그러면서 사람은 부처님처럼 살아야 한다고도 했다. 들을 때마다 재미있고 감동적이었다. 그리고 차츰 내면 저 깊은 곳으로 부처님의 삶이 스며들었다.

'사람으로 태어나서 저렇게 훌륭하게 살다 간 분이 있구나. 그렇다면 나도 부처님처럼 멋있는 인간이 되어보자. 그리고 자식을 낳으면 저렇게 훌륭한 사람으로 키워야겠다.'

남자는 마흔 살이 되면 출가할 것이라고 했다. 당연하다고 여겼다. 나는 내 인생이 있으니까 어떻게든 살 방도가 있을 거라고 생각했다. 7, 8년 연애 끝에 결혼하고 아이 둘을 낳았다. 남편은 출가하기 전에 남은 식구들의 경제적 토대를 마련해주기 위해 몸을 사리지 않았다. 연탄 장사, 책 장사도 하고 슈퍼마켓과 중국집 등을 열어 열심히 일했다. 그리고 큰아이가 일곱 살 때 출가했다. 출가해서 많은 사람을 구제하는 것이 부처님처럼 사는 길이라고 생각해 자연스럽게 떠나보냈다.

"부처님 시줏돈으로 자식들을 키울 거면 속가에 있고, 수행할 거면 출가하시라 말씀드렸어요. 이번 생에 사람 몸을 받았으니 부처님처럼 최고로 잘 살다 가셨으면 좋겠다는 마음뿐이었어요."

먹고살 걱정은 하지 않았다. 육신이 건강하니 무엇이든 해서 아이들을 키울 것이라 생각했다. 언제나 사는 것을 걱정해보지 않았다. 예나 지금이나 걱정이 있다면 '어떻게 부처님처럼 살 것인가' 하는 것뿐이었다. 돈을 많이 지니고 싶은 생각도, 잘 먹고 싶은 욕망도 없었다. 세상에 라이벌이 있다면 부처님 한 분이었다. 그분처럼 사는 것 말고 다른 욕망은 없었다. 남편에게 배운 정견이었고 그 가치관으로 아이들을 키웠다.

아버지의 부재에도 자식들은 사랑이 많은 아이들로 잘 자랐다. 아들은 아버지보다 먼저 출가한 충주의 할머니 절에서 크며 자연스럽게 법당을 드나들었다. 염불하시는 할머니 곁에서 유년 시절과 초등학교 시절을 보냈다. 어머니는 하던 장사를 접고 절 사무장 겸 공양주로 절에 와 있었다. 집이 절이었던 게 조금도 어색하지 않았다. 동네 아이들을 데리고 노는 골목대장이었다. 산 밑에 사는 친구 어머니들이 '사탄의 집에 놀러 가지 말라'고 경계했어도 뛰어노는 데 정신이 팔려 세상이 즐겁기만 했다.

그렇듯 건강하게 뛰놀던 아들이 중학생이 되자 사춘기를 심하게 앓기 시작했다. 절에서 나와 시내에서 음식점을 하고 있을 때였다. 아들은 툭하면 이유 없이 집을 나갔다. 공부는 뒷전이었으니 고등학교 입시에 낙방을 하고 말았다. 어머니는 그때까지 누구나 겪는 사춘기려니 하고 제자리로 돌아오기를 기다렸다. 최대한의 인내심을 가지고 잔소리를 거두어 입을 닫았다. 부지런히 일하고 기도하면서 기다렸다. 그런데 재수를 하던 아들은 돌아올 기미가 보이지 않았다. 머리를 노랗고 빨갛게 물들인 친구들과 어울려 놀던 아들을 데리고 어느 날, 시퍼런 강물이 내려다보이는 절벽으로 갔다.

"어머니가 음료수병을 꺼내면서 말씀하셨어요. '할머니는 절에 계시면서 사람들이 잘되도록 축원해주는 스님이고, 아버지도 전국을 다니면서 법사로 대중을 교화하시는데 자식이 이렇게 말을 안 듣고 방황하니 내가 할 말이 없구나. 네가 이렇게 살면 사회에 불필요한 존재가 될 것임은 불 보듯 뻔하다. 그럴 바엔 차라리 나랑 같이 여기서 떨어져 죽자. 싫으면 이거 먹고 같이 죽든가.' 그 순간 무릎을 꿇고 잘못했다고 용서를 빌었어요."

그날로 격렬했던 사춘기를 끝내고 원하는 고등학교에 들어간 아들은 장학금을 받으며 공부했다. 그리고 대학에 들어가 법학을 전공하고 고시공부 끝에 취업해 있던 어느 날, 출가를 하겠다고 선포했다. 갈 길을 찾은 것 같아 어머니는 물론 아버지 스님도 기뻐했다. 스무 살이 넘어 만난 아버지 스님은 급하게 결정하지 말고 부처님이 태어나신 인도도 다녀오고 정리할 시간을 가지라고 조언했다. 45일 동안 인도 배낭여행을 다녀온 후 자신이 불법과 인연이 깊음을 확신하고 출가를 단행했다.

그러나 아직 인연이 아니었을까. 집에서 가장 먼 해남 미황사로 갔던 아들은 사흘 만에 절을 나왔다. 다시 사회로 돌아가 1년 반 정도 지낸 뒤에야 집으로 돌아와 그간의 일을 이실직고하고 이번엔 출가하지 않겠다고 선언했다. 출가한 줄로만 알고 있던 어머니의 실망은 말할 수 없이 컸다. 아들이 무슨 일을 해도 경험해봐야 한다면서 지원해주던 어머니였지만, 이번엔 아들이 보기 싫어 앓아누웠다. 살면서 처음 본 어머니의 절망적인 모습이었다.

그러던 차에 동생이 출가했다. 불교학을 전공하고 복지 관계 일터에서 열심히 살던 여동생은 더 행복한 길을 찾아가겠다며 주변을 정리하고 떠나갔다. "엄마, 나 갈게요." 하고 마치 이웃집 가듯 손을 흔들며 딸이 출가하던 날 어머니는 평상시처럼 가벼운 발걸음으로 운동을 하러 나갔다.

"출가를 하든 안 하든 나는 오빠가 진짜 행복한 삶을 살았으면 좋겠어."

정신이 번쩍 났다. 다시 세속으로 돌아와 직장생활을 하면서 고뇌했던 일들이 떠올랐다. 과연 삶이란 무엇인가, 내가 진정 원하는 삶은 무엇인가를 두고 얼마나 고뇌했던가. 돈을 버는 일도 그다지 즐겁지 않고 세속에서의 삶이 행복하지 않았다. 망설일 필요가 없었다. 동생이 출가하고 두 달 뒤, 이번엔 집에서 가장 가까운 절을 찾아갔다. 거기서 은사를 만나 '경국慶國'이란 법명을 받고 오랜 생을 걸었을 출가의 길로 들어섰다. 아버지 스님은 '이제 뒤도 돌아보지 말고 네 길을 가라'고 하셨고, 어머니는 '수행하는 수행자가 돼라'고 축하해주었다.

그리고 다음 해 아들과 딸은 나란히 행자교육원에서 행자교육을 마치고 계를 받았다. 딸 스님은 졸업과 동시에 치러지는 5급 승가고시에서 수석, 아들 스님은 4년 뒤 중앙승가대학을 수석으로 졸업하면서 출가를 응원, 지지했던 부모님에게 효도했다.

"수행자다운 수행을 하면서 중생들과 함께했던 부처님처럼 살기를 바랄 뿐입니다."

이 네 식구는 모이면 부처님 이야기뿐이다. 마음에서 해결하지 못하는 어려운 일들을 털어놓으면서 이럴 때 부처님은 어떻게 하셨을까 하는 이야기를 나눈다. 그러고 나면 어려운 일들은 물 흐르듯 지나가버린다. 수행공동체를 이끌고 있는 아버지 스님의 법문도 듣는다. 서로를 보면서 활력소를 얻고 새롭게 발심한다.

"각자가 다 부처님이죠. 제가 뭐 특별한 게 없어요. 그냥 지내는 거예요."

어머니의 말씀에 아들 스님이 화답했다.

"힘들게 느껴질 때 어머니는 존재 자체만으로 도움이 됩니다. 평생을 부처님처럼 사시겠다는 한마음으로 꿋꿋하게 삶을 일구어오신 어머니를 보면서 제 삶을 돌아보고 힘을 얻게 되죠. 한결같이 자식을 믿어주셨기 때문에 제가 출가의 길로 들어왔다고 생각합니다. 지금도 어머니는 수행자처럼 정진하고 사십니다. 어머니는 제게 인생의 스승이자 도반이고 든든한 지원자이시죠."

두 분과 헤어져 돌아오면서 태산보다 더 큰 어머니의 품에서 성장한 경국 스님의 10년 후, 그리고 더 먼 미래가 궁금해졌다. 어머니가 늘 꿈꾸었던 부처님을 닮은 모습이 어떨지 궁금한 것이다.

2장

낮추고 낮추어서
바다가 되고

평생 나누는 삶을
실천하신 분

종연 스님(동국명상원 원장, 인천 수미정사)

어느 곳 어느 때 분별하지 않는 마음으로 사랑
과 자비로써 그의 영혼을 맑게 하리라.
마음을 낮추고 가난하고 단순하게 살아가리라. 죽어 다비할
때까지 중생들과 함께 희로애락을 나누며 살아가리라.

젊은 시절, 이제부터 완벽하게 타인을 위해 살겠다 발원하며
저 글을 썼다는 종연 스님에게 지극히 인간적인 질문을 했다.
"베풀기만 하고 사는 삶이 때론 힘들지 않으세요?"
"산다는 것은 살아감이 아니고 살아짐입니다. 살아감은 그
저 목숨을 연명하는 것이고 살아짐은 이타행 그 자체거든요.
이타행이 세계를 살리고 민족을 살리는 길이라고 생각합니
다. 사람은 본능적으로 이기적인 성향을 가지고 있는데 이것

을 이타행으로 바꾸는 일은 참 어려워요. 수행을 하지 않으면 바꿀 수 없어요."

몇 년 만에 찾아뵌 종연 스님의 직함이 바뀌어 있었다. 동국 명상원장. 인천문학경기장 지하철역에서 그리 멀지 않은 선학동에 4층짜리 명상원이 들어서 있었다. 예전에 왔을 땐 작은 가건물을 사무실로 쓰던 곳이다.

종현 스님이 오랫동안 꿈꾸다 심혈을 기울여서 지은 동국 명상원은 지하 1층에서 지상 4층까지, 시민 누구에게나 개방된 수행 공간이다. 사단법인 대한명상협회에 소속된 인천지부이며, 24시간 개방하는 열린 참선방, 집중 명상실, 명상 강의실, 강연과 공연을 할 수 있는 공간으로 이루어져 있다. 자연음식을 배우고 먹을 수 있는 채식 전문식당과 담소를 나누며 휴식을 취할 수 있는 힐링 카페도 있다. 명상 프로그램으로는 삶의 균형을 유지하기 위한 데일리 명상, 명상에 대한 체계적 이론과 실제를 배우는 명상 아카데미, 명상이 낯선 사람을 위한 스터디 명상, 개인과 단체의 특성에 맞춘 커스텀(custom) 명상, 주말 집중 명상 등 다양하게 구성되어 있다.

진정한 자기를 잃은 채 불행 속에서 살아가는 현대인들에게 명상이 얼마나 중요한지를 절감하고 있는 종연 스님의 불심은 철저히 어머니로부터 비롯되었다. 12년 전 구순을 넘기고 돌아가신 종연 스님의 어머니는 아들만 넷을 두었다. 그중 셋째 아들인 종연 스님은 대학을 다니다가 출가했고, 막내아들은 중학교 때 출가했다.

"어머니는 출가자처럼 사셨어요. 제주도에서 부산으로 수산물을 파는 사업을 하셨는데 아주 잘되었어요. 바쁜 와중에도 절에 다니시면서 스님들의 법문을 듣고 불사에 앞장서셨죠. 어렸을 때부터 바랑 하나 메고 동네 곳곳을 다니며 탁발하시던 모습을 보면서 자랐어요. 바랑 속엔 집집에서 얻어 온 귤이며 당근, 쌀 등이 있었는데, 어머니는 그걸 정리해서 절에 가져다드렸어요. 염불은 출가자인 저보다 더 잘하셨죠. 제가 학인 시절에 염불을 하는데 다가와서 잘못되었다고 조용히 지적해줄 정도였으니까요."

절에 갈 때는 셋째 아들을 주로 데리고 다녔던 어머니의 기도가 더 깊어진 것은 종연 스님이 중학교에 다닐 때다. 위로 형 둘이 월남전에 참가했다. 울며 아들의 참전을 뜯어말리던 어머니는 자유와 정의를 위해서 참전하겠다는 젊은 혈기의 아들들을 끝내 붙잡지 못했다. 첫째 아들은 비둘기부대에, 둘째 아들은 백마부대에 배치되었다는 소식을 전해 들은 어머니는 아예 사랑방에 불단을 차렸다. 아침저녁으로 절에서 하는 것과 똑같이 예불을 드리고 염불하며 기도했다. 오로지 생사를 알 수 없는 두 아들의 무사귀환을 위한 기도였다.

그런 어머니를 보면서 셋째 아들의 불심도 깊어갔다. 어머니를 따라 절에 갔던 어느 날 여러 어른들과 앉아 법문을 듣는

데 이런 이야기가 가슴에 내려앉아 회오리바람을 일으켰다.

"마음이 곧 부처다."

어린 소년의 눈엔 쇳덩어리로 만들어진 법당의 불상이 부처인데, 마음이 부처라니. 그렇다면 부처가 되면 저렇게 법당에 앉아 있는 것인가. 혼란스러움과 함께 불교에 대한 관심이 시작되었다. 마음을 찾으면 부처가 되는가? 마음이란 무엇인가? 출가해서 스님이 되면 마음을 찾을 수 있을까? 이러한 궁금증이 꼬리에 꼬리를 물며 화두가 되었고 마음을 규명하는 출가의 길에 들어서게 했다. 어릴 때부터 사색적이고 천문학 등 미지의 세계를 동경했던 어린 소년의 가슴에 불을 지핀 것이다. 조용히 어머니가 아들의 변화를 보고 있었으리라.

어머니의 기도가 날로 깊어가던 어느 날 월남전에서 큰아들이 제대를 하고 무사히 돌아왔다. 곧 둘째 아들도 돌아왔다. 참전한 지 8개월 만이었다. 총상을 입었지만 손등을 스치고 지나간 작은 부상이었다. 어머니는 이 모든 것을 부처님이 주신 가피라 여겼다. 기도가 더 절절해졌다.

그러나 세상 모든 어머니의 존재는 무수한 고통과 직면해 그것을 뚫고 나가는 강인함을 담보하지 않던가. 그것을 증명이라도 하듯 나머지 아들 둘이 어머니에게 숙제를 안겼다. 이번엔 어려서부터 몹시 병약했던 막내아들이었다. 어머니는 아들을 데리고 구인사로 갔다. 어머니로서는 아들의 건강을

되찾는 방법이 부처님 품으로 돌아가게 하는 것이었다.

멀리 단양에 아들을 두고 고향 제주도로 돌아온 어머니의 심정은 어떠했을까. 안심하면서도 한편으로는 자식을 두고 오는 마음이 쓰렸으리라. 다행히도 아들은 차츰 건강해지면서 출가의 길로 들어섰다. 스물두 살에 군대에 다녀온 후 세속으로 돌아왔지만 그 후 아들은 건강하게 자기 사업을 하면서 잘 살았으니, 어머니는 그것도 부처님의 뜻으로 받아들였다.

그다음엔 셋째 아들이었다. 고등학교에 들어가면서 반항적인 기질을 드러내기 시작했다. 공부도 잘하고 불심도 있어서 기대가 남달랐던 아들이 월사금을 속여서 돈을 더 타내는가 하면, 시내에 나가 하숙하는 데 필요한 물건을 마련해주면 그것을 팔아서 라면을 사 먹기도 했다. 싫어하는 것은 하지 않으려고 하고 알지 못하는 것은 끝내 풀어야 직성이 풀리는 아들을 보면서 어머니는 아들의 출가를 염두에 두고 있었다.

"어머니의 눈에는 정의와 자유를 추구하는 아들의 강한 성격이 어디로 뻗을지 몰라 염려가 되었을 것 같아요. 가끔 저도 생각해봅니다. 아무런 구속 없이 자유롭게만 살았다면 어떻게 되었을까. 출가를 했으니까 계율을 지키면서 대자유인의 길로 들어올 수 있었겠죠. 자식은 어머니가 가장 잘 아니까 어머니가 제 기질을 알고 일찌감치 출가를 권한 것 같아요. 제 출가는 어머니의 강요가 80프로였던 것 같습니다."

웃으면서 말하는 스님께 여쭈었다.

"어머니가 강요한다고 출가가 되나요?"

"어머니는 세속에서의 삶이 허망하다는 것을 아셨겠죠. 아버지는 많이 배우고 박학다식한 데다 사업도 성공했고 점잖은 분이었어요. 그런데 울산에서 사업을 하시면서 작은어머니를 두고 사셨거든요. 어머니는 내색은 안 하셨지만 그런 일들을 겪으면서 돈이나 명성 이런 것들이 부질없을 뿐 아니라 고통의 원인이라는 것을 깨달으셨을 거예요. 사람은 진리를 아는 순간 진솔하고 겸손해지죠. 자기 본성만 들여다보면 절대로 허투로 살 수 없잖아요. 평생을 기도하면서 살아오신 어머니는 그것을 아셨을 테고 그래서 제게 출가를 권하신 게 아닌가 싶습니다. 저도 '마음'을 규명해보겠다는 화두를 품고 있었던 터라 비단에 수놓듯 자연스럽게 출가가 이뤄진 것이죠. 제가 철저히 이타적인 삶을 살겠다고 결심한 그 뿌리도 어머니로부터 비롯된 것이 아닌가 하는 생각이 듭니다."

"어머니는 아드님 넷을 어떻게 키우고 싶으셨을까요?"

"사람다운 사람으로 살아가길 원하셨던 것 같아요. 좋은 대학에 가고 부자로 살고, 명성을 얻는 삶, 이런 것보다는 타인을 위한 삶을 살기 원하셨던 것 같아요. 성품이 강직하면서도 인정이 많은 분이었어요. 자식들에게 관대했지만 거짓말하는 것은 지나치지 못하셨어요. 매를 들어 절대 거짓말은 안 된다고 가르치셨죠. 그래서인지 저도 출가해 살면서 거짓말하는 사람은 용납하지 못합니다. 어머니, 아버지 두 분 다 사업을 하신 탓에 풍족한 편이어서 집이 여러 채였는데, 집이 없는 사람들에게 내주어 무상으로 살게 하셨어요. 그러면서도 집집마다 들러 탁발을 해서 절 살림에 보태신 걸 보면 그 과정에서 얼마나 큰 하심을 배우셨을까 싶습니다. 나누는 삶이 부처님의 가르침이라는 것을 철저히 실천한 분이죠."

강인했던 스님의 어머니도 마음에 드는 자식과 살고 싶어 하는 여느 어머니와 다르지 않아 수행자 아들이 사는 절에서 살고 싶어 하셨다고 한다. 그런데 종법宗法에 맞지 않는 일이어서 어머니를 모시지 못했는데, 종현 스님은 그 일이 가장 회한으로 남는다고 했다.

"도반들은 나이 들었으니 편히 살지 왜 일을 사서 만드느냐고 해요. 그러나 출가수행자는 나눔과 베품을 실천하는 이타적인 삶을 사는 존재인데 가만히 앉아 있을 수 없잖아요. 중생들의 삶 속으로 들어와야죠."

그렇게 말씀하는 종연 스님에게서 일생을 길 위에서 전법하셨던 부처님의 모습과 바랑을 걸머지고 탁발하러 다니셨다는 스님의 어머니 모습이 겹쳐 보였다.

다음 생에도
네 어머니가 되어

텐진 빠모 스님(다람살라 동규갓찰링 설립자)

서구 여성으로는 처음으로 티베트 스님이 된
텐진 빠모 스님이 한국에 온 적이 있다. 서울 비구니회관에서
법문을 한다기에 갔었다. 그녀는 붉은 가사를 두르고 환한 미
소를 머금은 채 법상에 앉아 지혜와 자비에 대해 이야기했다.
법당을 꽉 채운 청중 모두 숨죽여 그녀의 이야기에 귀를 기울
였다. 법문이 끝나고 한 여성이 일어나 자신을 기독교인이라
고 소개하며 이런 질문을 했다.

"저는 대대로 기독교 집안에서 자란 사람으로 지금 목사가
되는 마지막 단계에 와 있습니다. 그러나 폭력적인 지금의 기
독교를 보면서 공부를 포기하고 싶은 생각이 일어납니다. 어
떻게 해야 할까요?"

십수 년 동안 히말라야의 동굴에서 수행했다는 그녀의 대

답이 몹시 궁금했다. 당시 이스라엘과 팔레스타인이 극심하게 대립하면서 연일 살상이 일어나고 있을 때였다.

"사랑과 자비를 실천해야 할 종교가 살생을 하고 폭력적인 모습을 보이는 것은 아이러니컬한 일입니다. 예수님은 진정한 사랑을 가르치셨습니다. 그런데 오늘날 그분이 가르친 사랑과 지혜와 자비가 정치적으로 오용되고 있습니다. 당신의 지도자는 예수님이지, 중간에 있는 성직자가 아닙니다. 예수님의 사랑에 귀 기울이고 따르시기 바랍니다."

울먹이며 질문하던 질문자가 어떤 결정을 내렸을지는 모르나 나에게는 그녀의 대답이 대단히 감동적으로 다가왔다. 그녀는 그날 자신의 법문을 경청해준 청중에게 고마운 마음을 담아 이렇게 말했다.

"제 얘기를 들어주셔서 감사합니다. 저는 오늘 여러분이 무엇인가 마음속에 담아 가시길 바라는 마음입니다. 오늘 돌아가셔서 가족에게, 친지들에게 웃어주세요. 무엇보다 자신에게 미소를 보내세요. 스스로를 사랑하지 않으면 타인도 사랑할 수 없습니다. 많이 웃으십시오!"

그녀가 발견한 성불에 이르는 방법은 '친절과 미소, 마음공부' 같아 보였다. 그녀의 어머니는 어떤 분일까 궁금했다.

50여 년 전, 19세의 영국 소녀가 여행 차 독일로 가는 비행기에 앉아 책을 읽고 있었다. 자신이 근무하는 도서관에서 빌린 세 권의 책 가운데 하나였다. 표지에 붓다의 모습이 그려져 있는《흔들림 없는 마음(The mind unshaken)》이라는 작은 책을 반쯤 읽고 있던 소녀는 곁에 있던 어머니에게 속삭였다.

"엄마, 나 이제 불교 신자예요."

어머니가 담담한 표정으로 대답했다.

"멋지구나. 다 읽고 나서 네가 아는 대로 불교에 대해 말해 주렴."

어머니는 생각했다. 어려서부터 육신의 죽음 이후에도 인간의 의식(본래마음)은 계속된다고 믿어왔고, 인간은 본디 완벽하고 그 본성도 완전하며 자신이 진정 누구인지 발견하기 위해 산다고 믿고 있던 딸이었다. 또 인간이란 원래 완전한 본성을 다시 발견할 때까지 계속해서 방황하는 존재라고 생각했던 딸은 엄마와 성직자들에게 묻곤 했다.

"어떻게 하면 인간이 완전해질 수 있을까요?"

어른들은 한결같이 착하게 살고 남들에게 친절하라고 대답했다. 그러나 총명한 딸은 선함과 친절은 기초가 되는 토대일 뿐 완벽함은 아니라고 생각했다. 완벽함이란 선함과 친절을 넘어서는 것에 있다고 생각하는 듯했다. 딸은 다양한 종교를 탐구했다. 열세 살에는 코란을 읽을 시도를 할 정도로 인간의 완전함에 대한 화두를 놓지 않았다. 고등학교를 졸업하면서 실존주의에 관심을 갖기 시작해 사르트르와 카뮈의 책을 섭렵했다. 그러더니 드디어 길을 발견했다며 외친 것이다. 불교도가 되었다고, 그토록 찾아 헤매던 완전한 인간이 될 수 있는 길을 찾았다고, 붓다가 그 길을 아주 오래전에 제시해놓았다고 외쳤다. 영국 출신의 저널리스트가 불교 수행에 대해서 쓴 그 한 권의 책이 딸의 운명을 완전히 바꾸어놓은 듯했다. (궁금해진다. 그녀는 언제쯤 알게 되었을까? 인간이 완전해질 수 있는 유일한 방법은 자신이 이미 완전한 존재임을 발견하는 것임을.)

독일 여행에서 돌아온 딸은 불교 관련 책을 섭렵하기 시작했다. 그리고 수행에서 가장 중요한 것은 욕망을 버리는 것임을 알았다며 옷장의 옷들을 다 가져다 버렸다. 딸은 화장도 하지 않았고 남자친구와도 이별했다. 책을 읽으면서 승려들이 입는 옷을 상상했는지 허벅지 중간까지 내려오는 윗옷에 검정색 스타킹을 신고 다녔다. 어머니는 단 한 마디도 하지 않고 묵묵히 지켜보았다. 6개월이 지난 뒤, 매사 낙관적이며 심령술에 밝았던 어머니는 딸을 따라 불교 신자가 되었다.

도서관에 근무하던 딸은 런던에 있는 스리랑카 불교사원을 종종 찾아 다른 불교도들과 어울려 수행을 했다. 붓다를 사랑했고 붓다처럼 되고 싶어 하던 딸은 이렇게 선언했다.

"엄마, 저 인도로 가겠어요."

딸이 두 살 때 남편이 세상을 떠나 홀로 생선가게를 운영하며 두 남매를 키운 어머니는 생선 다듬던 칼을 잠시 내려놓은 채 스무 살의 맑고 아름다운 딸을 바라보며 물었다.

"그러렴. 언제 떠나려고 하니?"

딸은 스무 살이 되던 해에 드디어 인도로 가는 배를 탔다. 1년 후 수계를 한 딸은 어머니에게 자신의 모습을 찍은 사진과 편지를 보내 출가를 알렸다. 긴 머리를 말끔히 밀어버린 딸의 모습에 어머니는 이런 답장을 보내왔다.

"털이 깎여나간 내 가여운 어린 양."

그곳에서 그녀는 스승 캄트롤 린포체를 만났다. 수천 명의 수도승들 중 유일한 여성이었던 그녀는 서구 여성 최초로 수백 년 동안 여성에게 금지된 영역이었던 티베트의 수도원 제도 안에 발을 들여놓았다. 그리고 12년 동안 학업에 정진하다가 집중 수행을 위해 히말라야의 최북단 라홀로 떠났다. 그곳은 히말라야산맥 1만 2000피트 높이에 있어 1년 중 8개월은 폭설이 내렸다. 세상으로부터 완전히 단절된 그곳에서 동굴 수행 12년을 비롯해 총 18년 동안 은거 수행을 했다.

그 기나긴 세월을 홀로 수행한 끝에 그녀가 얻은 것은 과연 무엇일까?

"무엇을 얻느냐가 아니라 무엇을 버리느냐가 중요한 겁니다. 마치 양파 껍질을 벗겨내는 것처럼 그렇게 수행을 해나가야 하는 거죠. 나는 완전성이 무엇을 의미하는지 알기 위해 영성을 탐구해왔어요. 그리고 이제 우리는 완전성으로부터 결코 벗어나지 못한다는 그 한 가지 차원을 깨닫게 된 거예요. 이미 가지고 있는 완전성을 보지 못하도록 가로막는 것은 바로 착각에 사로잡힌 우리의 인식이에요. 더 많은 것을 깨달을 수록 깨달을 것이 없다는 사실을 더 깊이 깨닫게 됩니다. 어딘가 가야 할 곳이 있고, 무언가 성취할 것이 있다는 생각은 모두 우리가 지니고 있는 기본적인 착각에 불과해요."

극한의 수행을 하고 있는 딸에게 어머니는 편지를 보내 보고 싶은 마음을 전했다.

"잠시 휴가를 내서 영국에 들르면 어떻겠니?"

어머니는 생선가게 일을 그만둘 때까지 매달 용돈을 보내며 당신의 능력껏 딸을 도왔다. 딸은 10년에 한 번씩 어머니를 뵙기 위해 영국에 머물며 한 달 정도 시간을 보냈다.

어머니는 인도를 좋아했다. 인도로 가서 10개월 정도 딸의 스승 밑에서 수행하며 티베트인들로부터 많은 사랑을 받은 타라(자비로운 여성 붓다)를 흠모하기도 했다. 그러나 인도 음식이 맞지 않아 영국으로 돌아가야만 했다. 그렇지 않았으면 어머니도 딸처럼 출가해서 수행자가 되었을지도 모르겠다.

텐진 빠모 스님이 어머니를 마지막으로 만난 것은 어머니가 돌아가시기 2년 전, 인도에서 수행한 지 20년이 지났을 무렵이었다. 3년 동안 은거 수행을 하기 위해 동굴로 가기 전에 어머니를 뵈러 런던으로 갔다. 출가 후 두 번째 런던행이었다. 70대 중반의 어머니와 마흔이 넘은 딸은 반갑게 해후했고 다정하게 지냈다. 딸이 다시 인도로 돌아가는 날, 어머니가 고백했다.

"아무래도 너와 이승에서 만나는 건 이번이 마지막이 될 것 같구나. 다음 생에도 다시 네 엄마로 태어나서 네가 영성의 길을 계속 가도록 도와줄 수 있게 해달라고 기도한단다."

수행자인 딸에게 보내는 어머니의 가장 위대한 사랑과 지지의 표현이었다. 텐진 빠모 스님의 책을 번역한 세등 스님은 두 모녀가 헤어지는 이 대목에서 몇 번이나 눈물을 흘렸다고 한다. 끝내 출가의 뜻을 이루지 못한 자신의 어머니가 '내생에는 너와 도반으로 만나 함께 수행하고 싶다'고 말했던 것을 떠올렸기 때문이다. (모든 속박에서 벗어나 대자유인의 길을 가고 있는 것이 부러워서일까, 많은 어머니들이 수행자로 살아가는 자식들을 보면서 출가를 꿈꾼다.)

어머니와 이별하고 1년 뒤, 텐진 빠모 스님은 한 통의 편지를 받았다. 어머니가 암 투병으로 위독한 상황이니 집에 다녀갔으면 좋겠다는 내용이었다. 이미 3년 안거 수행에 들어간 스님은 자신의 맹세를 저버릴 수 없었다. 스님은 그때의 심정을 이렇게 고백했다.

"집에 갈 수 없는 이유를 써서 보냈어요. 그토록 편지 쓰기가 어려웠던 적은 처음이었어요. 설령 내가 암에 걸렸다고 하더라도 동굴을 떠날 수는 없는 처지였어요."

다시 1년 뒤 어머니가 78세의 나이로 평화롭게 세상을 떠났다는 편지를 받았다. 텐진 빠모 스님은 어머니의 역할에 대해 이렇게 말하고 있다.

"저는 정말 훌륭한 어머니에게서 태어났다고 생각합니다. 세상 어머니들이 자식의 고통을 대신 받으면서도 그걸 기뻐하는 것처럼 제 어머니도 그런 분이었어요. 불법에서는 세상 모든 존재를 귀하게 여기라고 강조합니다. 붓다께서 말씀하신 대로 하나밖에 없는 자식을 사랑하는 어머니처럼 우리의 사랑을 세상 모든 존재에게로 넓혀가야 합니다. 어머니가 된다는 것의 장점 중 하나는 자식을 통해 광대한 사랑이 무엇인지 배우게 된다는 것입니다. 그래서 어머니들은 모든 존재에 대해 사랑을 펼쳐가는 기반으로 이 경험을 이용할 수 있습니다."

자식을 기르는 일을 통해 '참나'를 발견하고 광대무변한 사랑을 실천하는 존재가 어머니 보살이 아닐까 싶다.

매일 밤늦게
정류장에서 너를 기다렸다

원산 스님(전 조계종 교육원장, 통도사 백련암)

〈포레스트 검프〉는 1994년에 제작된 미국
영화다. 제67회 아카데미 시상식에서 작품상, 각본상, 남우주
연상 등 6개 부문에서 상을 받았다. 이 영화는 보통사람보다
지능이 낮은 장애를 가진 주인공이 세상의 모든 역경을 뛰어
넘으며 운명을 헤쳐나가는 모습을 감동 깊게 보여주고 있다.
연기파 배우 톰 행크스가 주인공 포레스트 역을 어찌나 리얼
하게 소화하던지 마치 주인공과 같은 사람인 것 같았다. 배우
는 어쩌면 영화를 찍는 그 순간만은 무심의 경지에 이르지 않
나 하는 생각을 해본다.

이 영화는 어머니가 자식에게 보내는 무념無念, 무주無住의
마음이 얼마나 위대한 힘을 발휘하는지 보여주고 있다. 내 자
식을 끊임없이 누군가와 비교하며 '이렇게 살아야 한다'는 선

을 규정해놓고 자식을 몰아가지 않는다. 자식이 본래부터 지니고 있는 생명의 존엄만을 인정할 뿐 더 이상 그 무엇도 바라지 않는 어머니의 마음이 자식을 자유롭고 위대하게 만든다는 것을 새삼 느끼게 한다.

구하지도 버리지도 않는 사람을 보살이라 한다. 장애를 가진 아들을 바라보면서 그녀는 내 자식이 왜 그러냐고 한탄하지 않는다. 그 무엇도 바라지 않는다. 여행객들에게 방을 빌려주며 살아가는 자신의 현실 생활에 충실할 뿐이다. 척추측만증으로 인해 다리가 불편한 아들에게 보조 장치를 달아주며 그녀는 네가 남들과 달리 다리가 불편해서 이 장치를 해야 한다고 말하지 않는다.

"이건 마법의 신발이야. 너를 어디든지 데려다줄 거야. 남들과 너는 하나도 다르지 않단다."

포레스트의 지능이 정상보다 낮아서 일반학교에 입학시킬 수 없다는 교장에게 그녀가 묻는다.

"정상의 기준이 무엇인가요?"

분별을 일삼으며 살아가는 세상 사람들에게 던지는 화두 같은 질문이다. 정말 정상의 기준은 무엇일까? 이 영화에서 또 인상적이었던 것은 포레스트가 또래 아이들에게 위협당하자 친구 제니가 외친 말이다.

"뛰어! 포레스트! 위험할 땐 괜히 용감한 척하지 말고 뛰어!"

이때 다리에 차고 있던 보조기구가 하나씩 떨어져 나간다.

그리고 보조기구 없이는 걸을 수 없었던 포레스토가 이후 정상적으로 걷고 뛸 수 있게 된다.

"뛰어!"

나는 이 한마디가 '누가 뭐라든 상관하지 마. 넌 그대로 완전해. 그러니 무심히 현재에 집중하면 돼!'라는 소리로 들렸다. 실제로 그 후에도 포레스트는 달리기로 대학에 들어가고 전국 미식축구 대표팀에도 들어간다. 군대에 들어가 베트남에 파병 다녀온 뒤 사업가로도 성공하게 된다. 자신의 처지를 원망하지 많고 수용하며 순수무잡의 무심으로 현재를 온몸으로 받아들이며 산 결과였다. 분별없이 무심으로 자식을 키운 어머니에게 받은 정신적 유산이 아니었을까 싶다.

어느 고승이 '중생의 병에는 무심無心이 제일 좋은 약이다'라고 설법했다는 말을 들었다. 무심은 아무런 마음이 없다는 말이 아니다. 분별하지 않는 마음이다. 생각 이전의 본래 청정한 자리이다. 그 마음자리를 찾으려고 수많은 사람들이 수행자의 길을 걸었다. 그런데 세상의 어머니들은 도를 닦지 않고도 그 자리에서 사는 것 같다. 적어도 자식을 키울 때만큼은 그렇다. 통도사 백련암에 사시는 원산 스님의 어머니가 그런 분이 아니었나 싶다.

원산 스님은 열아홉 살 때 온다 간다 말없이 집을 나와 돌아가지 않았다. 젊은 어머니의 심정이 어떠했을까. 밤늦도록 들어오지 않아도 가슴이 철렁한 게 어머니의 마음 아닌가.

보름쯤 되었을 때 아들이 돌아왔다. 출가를 하겠다고 했다. 출가를 하려면 부모님의 승낙이 필요했기 때문에 잠시 돌아온 것이다.

"큰아들이 출가를 하겠다고 하니 놀라셨겠어요?"

"먼발치서 바라만 보실 뿐 별말씀이 없으셨어요. 할머니도 계시고 하니까 표현도 못 하셨어요. 불자였던 할머니는 손자의 출가를 좋아하셨죠. 집하고 절이 가까웠으니까 자주 올 거라고 생각하셨을 거예요."

"대체로 스님들이 출가할 때 어머니 생각에 마음이 무겁다고 하시던데 스님은 어떠셨나요?"

"이것저것 깊이 생각해볼 여유도 없이 절로 돌아왔습니다. 밑으로 남동생이 셋 있으니 부모님 모시는 데 어려움은 없을 거라고 생각했기 때문에 부담 없이 출가생활에 전념했죠. 집안 걱정은 조금도 하지 않고 자유롭게 공부할 수 있었어요."

성품이 자비롭고 마음의 폭이 넓었던 어머니는 아들이 사는 곳에 오지 않았다. 포레스트의 어머니가 그랬던 것처럼 묵묵히 자신의 현재에 충실할 뿐이었다. 농사를 지으며 아들 셋, 딸 다섯을 교육시키고 시집 장가도 보냈다. 큰아들이 당대 최고의 도인이라 불렸던 노스님(통도사 극락암 경봉 스님)에게 출가를 했어도 절에 한 번을 오지 않았다. 수많은 사람들이 아들의 은사를 찾아와 법문을 듣고 인생을 물었지만, 자신의 도는 시어머니 모시고 남편 공경하며 농사를 짓고 남은 자식들 건사하는 데 있다고 믿는 것 같았다.

아들 스님이 몇 년 동안이나 전기, 건물 불사를 한다고 한여름에 소금 가마니를 지어 나르고 땀을 흘리며 길을 닦아도, 주변 수천 평의 밭을 일구며 고생을 하고 있어도 찾아오지 않았다. 유명한 스님(직지사 황악학림 관응 스님)에게 전강을 받아 후학을 가르치는 강주 자리에 올랐어도 아는지 모르는지 무심했다.

암자 한쪽 끝에 토굴을 지어 무문관이라 이름 짓고 3년 동안이나 토굴 밖을 나서지 않는 폐관수행을 해도 그것이 무슨 의미인지 알려 하지 않았다. 폐관수행이 끝나는 날 아들의 법문을 듣기 위해 수많은 사람들이 몰려들어도 발걸음을 하지 않았다. 통도사라는 큰 절의 주지를 맡고 있어도 그런가 보다 했던 어머니다.

과거의 일을 취하지 않고 미래의 일에 집착하지 않으며 현재에 최선을 다하며 살고 있는 어머니는 이미 보살이었다. 그래서 아들도 어머니에게 특별히 신행생활을 권한 적이 없다. 무엇을 해서 깨닫는 것이 아니라 이미 보살의 삶을 살고 있는 어머니에게 수행은 군더더기였는지도 모른다.

"은사이신 경봉 스님은 부부 신도가 찾아오면 몇 남매를 두었느냐고 물으시곤 했어요. 5남매를 두었다고 하면 '죽을 고비를 다섯 번 넘겼다'고 하셨고, 7남매를 두었다고 하면 '일곱 번의 죽을 고비를 넘겼다'고 하시면서 남편에게 아내가 고생했으니 좋은 패물이라도 사주라고 하셨죠. 은사 스님의 말씀처럼 자식을 낳아 키운다는 게 죽을 고비를 넘길 만큼 고생스러운 일이겠지요. 우리 어머니는 9남매를 낳아 길렀으니 그 고생이 오죽하셨겠어요. 더구나 20대에 혼자 되신 할머니 시집살이까지 호되게 사셨으니 인욕보살이셨죠. 일생을 통해 참고 견디는 모습만 보이셨어요. 동네 어른들 모두 어머니를 보고 정말 대단한 사람이라고 하셨어요. 어머니의 영향을 받아서인지 나도 인내심이 많은 편이에요. 한번 해야 한다고 생각하면 중간에 그만두는 법 없이 끝을 내고 말죠. 출가해서 열심히 살았고 지금도 열심히 살고 있습니다."

일흔여덟의 스님께 듣는 '지금도 열심히 산다'는 말씀은 스님의 어머니가 그랬던 것처럼 오로지 현재를 살 뿐이라는 의미로 묵직하게 다가왔다.

종단의 교육을 책임지는 교육원장을 지내신 스님에게 여쭈었다.

"자식에게 어머니는 어떤 역할을 해야 할까요?"

"정성을 다하는 것이 가장 중요합니다. 어머니로서 주어진 일에 먼저 최선을 다하고 그다음에 자신이 하고 싶은 일을 해야 하죠. 오직 한마음으로 자식과 집안을 위해 정성을 다하는 것이 어머니의 기도입니다."

그래서 스님은 신도들에게 '믿고 실천하고 기도하라. 일체가 하나 되어 여래의 품 안에 들게 될 것이니'라고 법문한다.

스님의 어머니는 95세에 9남매의 효도를 받으며 돌아가셨다. 말년까지 늘 밝고 편안한 모습으로 사셨던 어머니는 돌아가시기 한 해 전, 자신을 보러 온 큰아들 스님에게 이렇게 고백했다.

"스님이 고등학교를 졸업하고 말도 없이 집을 나갔을 때, 매일 저녁 동네 정류장으로 나가 기다렸어. 막차가 들어올 때까지."

그날 일흔 살이 넘은 아들 스님은 하루 종일 힘들게 일하고 쉬지도 못한 채 밤늦게까지 자신을 기다렸을 어머니를 떠올리며 눈시울을 붉혔다.

"왜 그 말씀을 그렇게 늦게 하셨을까요?"

"글쎄, 자식 마음 상할까 봐 그러셨는지… 잘 모르겠어요."

자식의 마음이 상할까 봐 끝까지 조심하는 존재가 어머니 보살이다. 위대하게 사는 게 중요한 것이 아니라 살아내는 게 위대하다는 말은 세상의 어머니들을 두고 한 말이 아닐까. 어머니로 살아내기 때문에 위대한 존재가 어머니들이니까.

출가한 딸로 인해
내 삶이 영광이었다

효석 스님(봉녕사 승가대학 교수)

서울 법룡사 비구니회관에서 만난 효석 스님
은 유쾌하고 에너지가 넘쳐 보였다. 매 순간 지금 이 자리에서
최선을 다하는 느낌이 들었다. 굉장히 젊어 보였는데 올해 쉰
한 살이라고 했다. 봉녕사 승가대학 교수로 후학들을 지도하
는 한편, 은사인 본각 스님(전국비구니회장)을 시봉하고 있다.

스님은 동국대학교에서 불교학을 전공하고 인도로 유학을
떠나 문화인류학을 공부했다. 뿌나대학에서 석사학위를, 델
리대학에서 박사학위를 받았다. 박사 논문을 끝내고 매일 앉
아서 공부하느라 뒤틀린 허리를 치료하기 위해 100년 전통의
요가연구소에서 요가를 배워 아예 자격증까지 따고 왔다는
이 씩씩한 스님은 출가하는 날의 풍경부터 남달랐다.

"오빠 거사가 운전하는 차에 쌀을 두 가마니 싣고 노트북이

며 쓰던 카메라, 불교 관련 책들까지 잔뜩 싣고 절로 들어가는 언덕을 올라가는데 다시 유학 가는 기분이었어요."

"출가한다고 했을 때 부모님의 반응은 어떠셨나요?"

"어머니는 당신도 출가하고 싶어 하셨으니까 당연히 제 출가를 반가워하고 좋아하셨죠. 출가해서 공부할까, 공부하고 나서 출가할까 고민하다가 유학을 갔거든요. 다녀와 모교에서 여름 계절학기 강의를 하게 되었는데, 어머니가 출가한다면서 어디를 그렇게 돌아다니느냐고 채근했을 정도니까요."

출가하기 며칠 전 어머니는 속옷부터 절에 들어가는 날에 입을 외출복, 기도할 때 입을 옷까지 전부 숯물을 들여 마련해 놓았다고 한다. 아래위로 온통 먹물 색깔의 옷을 입은 채 노트북을 들고 절 문에 들어가는 신세대 스님의 출가가 한 폭의 풍경화처럼 그려졌다.

"출가해보니 생각했던 것과 같던가요?"

"너무 좋았어요. 대학 졸업을 앞두고 하루 중 적어도 한 시간은 좌선하면서 나만을 위한 삶을 살겠다고 결심하면서 출가를 생각했었거든요. 그런데 출가 사찰인 금장사(서울 홍은동)에 들어와 보니 새벽예불 후 반드시 한 시간씩 기도하고 좌선하는 거예요. 예불이나 공양시간을 철저히 지켜야 하고 게으른 생활은 용납하지 않는 생활이 제가 추구하던 가치관과 딱 맞아 너무 감사했어요."

"출가한 후 어머니는 따님 있는 절에 더러 오셨나요?"

"경기도 구리에서 농사를 지으며 사셨는데 가을 추수가 끝나면 쌀을 스무 가마니씩 싣고 오셨죠. 절이 집과 가까우니까 농사지은 채소들을 차에 가득 싣고 오곤 하셨어요. 어머니가 싣고 온 야채 덕분에 부식비가 안 들 정도였으니까요."

딸의 출가를 이렇듯 적극 지지한 스님의 어머니가 궁금했다.

스님의 어머니는 스물한 살에 시집와서 스물두 살에 첫아들을 낳고 밑으로 아들딸 셋을 더 두었다. 농사짓는 가난한 집에 와보니 시어머니는 살림에 관심이 없었다. 집안 살림살이가 엉망이었다. 팔을 걷어붙이고 부지런히 농사짓고 야무지게 살림했다. 시동생, 시누이들을 돌봐 시집 장가를 보내고 자식들을 키웠다. 그 가운데 유일한 기쁨은 절에 가서 가족들을 위해 기도하는 거였다. 새벽에 밭에 다녀오면 으레 독경 테이프를 틀어놓고 밥을 했다. 독경 소리가 집 안에 쩌렁쩌렁 울리곤 했다. 저녁이면 하루 종일 일한 피곤한 몸을 이끌고 졸린 눈을 부비며 3000주를 돌렸다. 지장보살, 관세음보살을 부르며 돌리던 염주가 반들반들해졌다. 오로지 가족, 내 자식들의 무사를 비는 기도였다.

그러던 어느 날부터 어머니의 불교가 변하기 시작했다. 막내딸이 불교학과에 다니기 시작하던 즈음이었다. 해인사 백련암에서 하는 아비라 기도를 다니면서 교리에 관심을 갖기 시작했다. 스님들의 법문을 들으면서 불교에 대한 지견이 넓어지는 것 같았다. 아마도 눈앞의 이 모든 것이 스치듯 지나가는 꿈과 같아서 그 무엇에도 애착을 가질 게 없다는 것을 절절히 깨달았으리라. 그리고 알았으리라. 허깨비와 같은 몸을 가진 가짜의 나가 아닌 '참나'를 아는 것이 진정한 불법이요 행복이라는 것을.

아버지는 법문을 메모해 와서 어머니에게 다시 들려주곤 했다. 두 분이 열심히 정진하는 모습이 아직도 스님의 뇌리에 생생히 남아 있다. 어머니의 정진이 날로 깊어지자 주변에도 훌륭한 도반이 늘어났다. 자녀들이 출가하기도 하고 본인들이 출가하기도 했다. 두 분의 발걸음은 전국의 선방으로 향했다. 농한기가 되면 인천 용화사 선방, 해인사 원당암, 부산 안국선원 등에 가서 정진했다.

"기도 수행해야 그 공덕으로 다음 생에는 지혜로운 사람으로 태어나 여실하게 공부할 수 있다고 하셨죠."

그즈음이었다. 어머니가 불교학과에 다니는 막내딸의 심중을 은근히 떠보기 시작했다.

"아무개 보살님 딸이 출가해서 스님이 되었는데 그렇게 좋다고 하더라."

부러움이 담긴 그 말씀에서 스님은 딸이 출가하기를 원하는 어머니의 마음을 읽었다. 앞의 세 자식들 시집 장가 다 보내봤으니 하나쯤은 부처님 제자로 살았으면 좋겠다는 생각을 했을 것이다. 그러다가 결정적으로 어머니의 마음을 안 것은 유학 중 방학 때 집에 다니러 왔을 때다. 친척들이 서른 넘은 딸을 둔 어머니에게 물었다.

"시집 안 보내요?"

어머니가 깜짝 놀란 듯 대답했다.

"시집가서 뭐 하게? 저 아이는 나하고 살 거야."

깊은 속내는 묻지 않았으나 어머니는 당신도 출가해서 딸과 함께 절에서 사는 미래를 꿈꾸었던 것 같다.

"입버릇처럼 당신도 출가하고 싶다고 말씀하셨어요. 아비라 기도를 다녀보니 신심이 짱짱한 보살님들 가운데 남편과 자식을 두고 출가하는 분들을 보면서 그런 생각을 하셨던 것 같아요."

어머니는 딸이 출가하자 비린 음식을 요리하지 않았다. 철저하게 음식을 가리고 짠지만을 드시며 출가한 자식처럼 수행했다. 한번은 영농조합에서 조합원인 아버지에게 선물한 조기 한 꾸러미를 결혼한 자식들에게 주어버려서, 아버지가 서운해했다는 이야기를 딸 스님에게 했다. 어머니는 딸이 사미니계를 받고 삭발한 모습을 처음 본 날, 따님의 절을 받으며 이렇게 말했다.

"스님 딸을 두어서 너무나 영광입니다."

스님은 지금도 어머니의 그 말씀을 잊지 못하고 산다. 자신의 출가가 어머니의 삶에 영광이 되었으니 수행자로서 철저하게 잘 살아야 한다고 생각하기 때문이다.

아침에 일어나면 한두 시간씩 기도하고 밭에 나가 채소를 따서 딸 스님 절로 가져다주던 어머니는 스님이 출가한 지 4년 만에 돌아가셨다.

"암 진단을 받고 몇 달 만에 돌아가셨어요. 어머니는 다른 사람 돌보는 것에만 도가 트인 분이었죠. 자신의 몸을 돌보는 일은 해본 적이 없으니 당신 몸이 그렇게 아파도 어떻게 해야 할지를 모르셨던 것 같아요. 독거노인들을 위해 반찬 만드는 봉사를 돌아가시기 직전까지 거의 10여 년 하셨어도 자신을 위해서는 무엇을 어떻게 해야 하는지 모르는 분이셨죠."

마침 방학 중이어서 스님이 병원으로 가서 어머니를 간병했다. 어머니가 오랜 동안 《천수경》의 '신묘장구대다라니' 진언을 하루 108독씩 하던 것을 알던 스님이 물었다.

"엄마, 신묘장구대다라니 하고 계시죠?"

말도 못 하고 누워 있는 어머니가 가만히 고개를 끄덕였다. 서른아홉의 스님은 수행자로 함께 절에 살기를 꿈꾸었던 어머니와 그렇게 작별했다. 어머니는 이별하기에는 아직 이른 예순아홉이었다.

"어머니들이 좀 자신만의 인생을 살면 좋겠어요. 저희 어머니는 자신의 몸을 돌보지 않고 너무 성실하게만 사셨던 것 같아요. 때로는 좀 게으르게 늦잠도 자고 자기만의 시간을 가졌으면 얼마나 좋았을까 싶어요. 병원에 계실 때도 아버지 혼자 계셔서 안 된다고 집에 가야 한다고 하셨죠."

그러나 어쩌랴. 그렇게 사는 것이 세상 어머니들의 숙명인 것을. 스님은 어머니가 돌아가신 뒤 암의 발병 원인에 대한 자료를 보다가 웃음요가에 관심을 갖기 시작했다. 그 후 요가 지도를 하면서 마지막 10분에 웃음요가를 곁들이게 되었다. 늘 작았던 목소리가 커졌다. 그리고 사람들이 스님을 보면 즐겁다고 말한다. 어머니의 마지막 선물이 아니었나 싶다. 스님을 만나고 돌아오면서 스님의 말씀이 떠올랐다.

"매사 소심하고 수동적이었던 20대에는 아침에 일어날 때 이렇게 명상했어요. '나는 주위 사람들이 하는 말에 흔들리지 않는다. 나는 강하고 현명하고 지혜롭다. 나는 다른 사람을 더 많이 이해하고 용서하고 더 많이 사랑할 것이다. 나는 더 이상 어제의 내가 아니다. 오늘은 새로운 나로 시작할(깨어날) 것이다.' 우리가 너무 과거에 집착하잖아요. 집착하지 않는 것이 곧 더 이상 어제의 내가 아닌 새로운 내가 되는 거라고 생각했죠. 그런데 지금은 이렇게 기도해요. '부처님 감사합니다. 모든 생명이 다 평화롭기를 기원합니다.'"

출가의 길은 작은 나를 떠나 큰 나, 무아의 세계로 건너가는 길이라는 생각이 든다. 스님의 어머니가 꿈꾸었던 출가도 저 무아의 세계가 아니었을까.

그래도 괜찮아

마가 스님(사단법인 자비명상 대표)

환갑의 아들 스님이 어머니 보살에게 수시로 염불하듯 말씀드린다.

"미안합니다."

어느덧 구순을 넘겨 허리 굽은 어머니가 두 손을 모으고 화답한다.

"고맙습니다."

초로의 아들 스님이 어머니가 전부였던 아이 때처럼 고백한다.

"사랑합니다."

스마트 법당 미고사를 창건한 마가 스님의 일상이다. '미안합니다, 고맙습니다, 사랑합니다'의 앞 세 글자를 따서 '미고사'라 이름 지었다. 어머니를 모시고 사는 마가 스님은 최근에 어머니에게 수계를 해드렸다. 스님들이 열반할 때 입는 것과 똑같은 수의도 준비해두었다. 돌아가시면 다음 생엔 출가수행자가 되길 발원하며 바로 출가 의식을 겸해 염해드리려고 한다. 어머니는 아들 스님에게 배운 《천수경》을 외우며 기도하고, 틈만 나면 아들 스님과 '아미타불'을 왼다.

한때 미워하며 원망하기도 했던 어머니는 삶의 고비마다 수행자로서의 정체성을 견고하게 세워준 선지식이었고 오늘날의 스님을 있게 한 관세음보살이다. 스님의 삶은 어머니를 모셔야겠다는 마음을 낸 순간부터 순조롭게 풀리기 시작했다고 한다. 출가하면 부모를 멀리해야 하는 승가의 풍토에서 왜 어머니를 모셔야겠다고 마음먹었을까.

사연은 이렇다. 출가하고 십수 년 뒤, 스님은 고향의 지인을 통해 어머니가 위독하다는 연락을 받았다. 스무 살쯤 집을 나와 한 번도 찾지 않았던 어머니의 소식이었다. 고향으로 가는 길 위에서 어머니의 삶을 떠올렸다. 만감이 교차했다.

어머니는 4남매 중 막내가 배 속에 있을 때 지아비를 떠나보내야 했다. 새로운 인연을 찾아 집을 나간 것이다. 남은 식구들의 삶이 무너질 수밖에 없었다. 시골에서 홀로 농사를 지으며 자식을 키워야 했던 어머니의 삶이 가장 곤고困苦했을 것이다. 큰아들을 비롯해 딸 둘을 제대로 교육시키지 못한 어머니는 막내아들만이라도 잘되길 바라는 마음에 새 가정을 꾸린 남편에게 보냈다.

사춘기 아들은 갈피를 잡지 못했다. 가족의 행복을 무너뜨린 아버지가 용서가 안 되었다. 말썽을 부려 아버지 속을 긁는 것으로 복수했다. 아마 그때 친구를 따라 교회에 다니며 기도하고 어린이 주일학교를 맡아 그들과 뛰어놀지 않았으면 어떤 극한 상황이 벌어졌을지 모른다. 그런데 그건 껍데기뿐인 평화였다.

아버지에 대한 울분이 도무지 가시지 않았다. 고등학교를 졸업한 뒤 목사가 되기로 결심하고 목사님 댁으로 들어갔다. 그런데 아버지가 목사님을 찾아와 아들을 빼앗아 갔다고 거칠게 항의했다. 그 여파로 사택을 나올 수밖에 없었다. 더 이상 설 데가 없었다. 그때까지 아버지라는 이름 대신 '그 인간'으로 불렀던 아버지에게 마지막으로 대못을 박아 평생 죄의식 속에서 살게 하기로 작정했다. 그간 살아온 모든 흔적들, 앨범, 사진들, 옷가지를 버렸다. 수면제 70알을 사 모았다. 고향에서 가장 먼 곳인 강원도를 향해 걷고 또 걸었다. 35일 후 월정사에 도착했다. 산내 암자인 지장암을 지나 눈 내리던 부도전 앞에서 약을 입에 넣었다.

월정사 어느 방에서 눈을 떴다. 3일 만에 깨어났다고 했다. 지켜보던 노스님 한 분이 말씀하셨다.

"자네는 다시 태어났네."

몸과 마음이 상처투성이였던 한 청년의 영혼이 그렇게 다시 깨어났고 더 이상 물러날 수 없던 막다른 길에서 출가를 했다. 월정사, 해인사, 범어사 등지를 거쳐 도선사에서 현성 스님을 은사로 모시고 행자생활을 했다. 누가 그걸 보고 고향에 계신 어머니에게 '당신 아들 도선사에서 행자 하고 있더라'라고 전한 모양이다. 그때 어머니는 '아, 내 아들이 어디 가서 행자라는 여자를 만나 살고 있구나!'라고 생각했다고 하는 이야기를 나중에 들었다.

어머니가 아들의 출가를 정확히 안 것은 출가 후 십수 년 만에 찾아간 고향 집에서였을 것이다. 그때까지 어머니를 찾지 않았었다. 돌아보니 아버지를 미워하는 마음 뒤엔 어머니를 원망하는 마음도 있었다. 어머니가 좀 더 현명했더라면 아버지가 집을 떠나지 않았을 텐데 하는 마음이 있었다. 그리고 출가자는 혈육을 멀리해야 한다는 생각 때문에 어머니를 찾지 않았다.

어머니는 출가자가 된 아들을 보고 아픈 몸을 일으켜 부엌으로 들어갔다. 마당가 매화나무에서 매실을 따다가 떨어져 허리를 다쳤다고 했다.

"겨우 허리를 펴 자식을 위해 밥상을 차려 온 어머니를 보면서 결심했어요. 아픈 몸으로 홀로 사시는 어머니를 모시지 않고는 부처님께도 죄송하고 나의 수행도 도로 아미타불이 되겠다는 생각이 들었어요. 그래서 생애 최초로 욕심을 냈죠. 절이 하나 생기면 어머니를 모셔야겠다고. 이러한 결심이 국내외 수행처를 찾아다니며 수행했던 개인적인 삶에서 중생과 함께 고통을 나누는 삶으로 전환하는 계기가 되었습니다. 결국 어머니가 길을 내주신 거죠."

떠나는 자식에게 어머니는 2000만 원을 내놓았다고 한다. 그동안 시장에 나가 나물 팔고 콩 타작해서 10원, 20원 모은 돈을 내놓으면서 어머니가 말씀했다.

"늘 사립문을 열어놓고 너를 기다렸다. 언제고 네가 오면 장가 밑천으로 주려고 모은 돈이야."

돌아오는 길에 고향 절에 들러 어머니 이름으로 대들보를, 아버지 이름으로 기둥 하나를 시주하면서 그 돈을 다 내놓았다. 그리고 4년 뒤 시골의 조그마한 절을 맡게 돼 그곳에서 어머니를 모실 수 있었다.

그러는 동안 스님의 삶이 극적으로 바뀌었다. 어머니를 모실 수 있었으면 하는 마음을 가지고 들어간 공주 마곡사에서 부부, 가족, 실버 세대, 실업자, 기업체 등 다양한 부류의 대상에게 자비명상을 지도해 연인원 3000명을 동참시켰다. 그 결과 마곡사를 템플스테이 대표 사찰로 만들었다. 중앙대학교에서 '내 마음 바로 보기' 수업을 시작해서 9년 동안 최고 인기 강사로 수많은 젊은이들에게 마음공부를 지도했다. 스님의 브랜드처럼 된 치유와 용서, 기쁨과 행복을 위한 자비명상이 나오고 마곡사 템플스테이가 역동적으로 운영된 데는 '어머니'가 자리하고 있었던 것이다.

어머니로 인해 탄생한 스님의 브랜드가 또 하나 있다.

'그래도 괜찮아.'

아예 스님이 진행하는 불교방송 프로그램의 이름이 된 이것은 어머니의 팔순 생신 때 탄생했다. 그날 스님은 온 가족을 초대했다. 집 나간 지 50년 만에 돌아와 계시던 아버지, 어려운 환경 속에서 팍팍하게 살아온 형님 내외, 두 누님이 모였다. 아버지 없이 살아온 상처 깊은 수십 년의 이야기가 쏟아져 나왔다. 누군가 통곡하며 가족의 폭력성을 털어놓았다. 아버지가 집을 나가지 않았더라면 자식들이 이렇게 불행하진 않았을 거라고 원망했다. 이 말을 조용히 듣고 있던 어머니가 말했다.

"그래도, 느그 아버지는 사람은 치지 않았다."

한평생 속이 썩어 문드러졌을 만한데 '그래도'라며 아버지를 용서한 어머니를 보며, 불평불만의 마음을 가지고 있으면 서로 괴롭고 힘들 뿐, 그래도 이만해서 감사하다는 진리를 배웠다. 그 말 한 마디로 인해 어머니와 아버지 사이를 가로막았던 응어리가 해소되는 것을 보면서 '긍정명상, 감사명상'이 태어났다.

내 현실을 있는 그대로 수용, 긍정할 때 감사가 나온다. 감사가 행복의 밑그림이다. 감사라는 밑그림이 없으면 행복이라는 그림은 영원히 완성되지 않는다. 스님은 어머니의 '그래도'라는 한 마디를 통해 깨달은 이 경험을 수많은 사람들에게 전했다. 자신의 삶을 긍정하고 감사할 줄 몰라 고통받는 많은 사람들이 이 '긍정명상, 감사명상'을 통해 고통에서 벗어나기 시작했다.

"지금, 수행이 무엇이냐고 물으면 마음속에 응어리진 미움을 용서로 바꾸는 것이라고 당당하게 말할 수 있어요. 108배를 하든 참선을 하든 이것이 되지 않으면 공염불입니다."

그렇게 말하는 스님에게 물었다.

"그토록 미워하던 아버지와 어떻게 화해하셨나요?"

"젊은 시절, 수행에 진전이 없어 힘들 때 곡성 태안사에 계시던 청화 스님을 찾아뵌 적이 있어요. 보자마자 '자네는 출가 전에 어떻게 살았나'라고 물으셨는데, 그 물음에 숨이 막히더군요. 스님 곁에 한두 달 있으면서 제 가슴속에 아버지에 대한 미움과 원망이 그대로 남아 있다는 것을 알았죠. 그렇게 스님 곁에서 정진하던 어느 날, 한없이 눈물이 쏟아지면서 저도 모르게 '아버지, 청화 스님, 부처님 고맙습니다'라는 말이 흘러나왔어요. 일주일은 울었을 겁니다. 아버지가 나를 수행자로 만들기 위해 고통을 주었다고 생각하니, 아버지에 대한 미움이 고마움으로 바뀌었어요. 그때 나를 먼저 정화하는 것이 수행이라는 것을 알았어요. 청화 스님을 뵈면서 자비라는 것을 실감했는데, 아픔을 치유하고 용서하는 자비명상이 그때부터 태동했다는 생각이 듭니다."

최근 스님은 어머니와 함께 찍은 다큐멘터리 한 편을 마무리했다. 점점 쇠약해져 언제 떠나실지 모르는 어머니를 모시고 거의 한 해 동안 전국의 명찰을 다녔다. 어린 시절 어머니가 막내아들을 위해 보리 두 말을 공양 올리며 종 불사를 했던 고향의 작은 절에도 다녀왔다. 종 끄트머리에 적혀 있던 자신의 이름을 발견하고 '아하, 어머니가 바친 저 보리 두 말의 공양으로 내가 출가했구나' 하는 생각도 해보았다.

아들 손을 잡고, 때로는 등에도 업혔던 스님의 어머니가 그대로 영상에 나올 것이다. 내년 초에 일반에 공개될 거라는 다큐의 마지막 자막은, 스님의 어머니가 세상의 모든 어머니들에게 전하는 따뜻한 이 메시지가 아닐까.

"여러분, 그래도 괜찮아요."

* 〈佛 효자〉라는 제목의 이 다큐멘터리 영화는 2022년 5월에 개봉되었고, 스님의 어머니는 개봉 한 달 전 돌아가셨다.

자식이 병들면
어머니도 병들고

지원 스님(전 조계종 포교원장, 육지장사 회주)

조계종 포교원장을 역임한 지원 스님에게 어
머니의 존재는 천 개의 손과 천 개의 눈으로 세상을 보듬는 천
수천안의 관세음보살이다. 열다섯 살 어린 나이에 어머니를
잃었지만 어머니를 추억할 수 있는 10여 년의 세월은 온기를
품은 채 그리운 시간으로 남아 있다.

한국전쟁 직후의 춥고 어려웠던 시기에 헌신적인 사랑으로
가족들을 품어주었던 어머니. 일흔이 훌쩍 넘은 지금도 어머
니 품에서 느꼈던 그 촉촉하게 따뜻했던 어머니 냄새를 잊을
수 없다. 살아오는 동안 어머니의 따뜻한 사랑을 떠올리며 나
태함을 극복했고 끊임없이 정진할 수 있는 힘을 얻었다. 어머
니는 스님들의 법문을 듣고 교리를 배우지 않았어도 삶 자체
가 수도승과 같은 구도의 길이었다.

어머니는 그 일 많고 바쁜 중에도 틈틈이 시간을 내서 절에 가셨다. 절에 가려면 한 달 전부터 6남매를 불러 모아 쌀의 뉘를 함께 골라냈다. 반 토막이 난 쌀이나 벌레 먹은 쌀을 정성껏 골라내 부처님께 올릴 공양미를 준비했다. 절에 갈 때만 입는 흰 한복을 손질하고 찬물에 목욕재계하는 모든 일들이 기도였다. 10리도 훨씬 넘는 먼 길을 가면서도 머리에 인 공양미를 땅에 내려놓지 않았다.

초등학교에 입학하기 전 여섯 살 때쯤 어머니를 따라가 보았던 환히 빛나던 부처님 모습과 깨끗한 법당이 지금도 생생히 떠오른다. 마치 살아 계신 부처님 앞에 공양을 올리듯 쌀을 올려놓고 정성스레 절하시던 어머니의 모습은 그 행위 자체가 육바라밀의 실천이었다. 한 해에 서너 번은 절에 따라가 그러한 어머니를 바라보고 법당의 부처님을 만난 것이 불심의 시초였다.

어머니를 떠올리면 속 아프게 했던 사건이 먼저 떠오른다. 월사금을 내지 못해서 학교에 가기 싫었던 날, 어머니에게 생떼를 부린 것이 지금도 가슴 아프게 남아 있다. 초등학교 1학년 때였다. 아들이 월사금을 달라며 쫓아다니는데도 어머니는 묵묵부답이었다. 6남매를 모두 학교에 보내야 했으니 오죽하면 달라는 돈을 못 주었을까.

"나중에 줄 테니 오늘은 그냥 가거라."

"나중에 언제, 지금 줘."

어머니가 일하는 곳까지 따라가 보챘다. 그래도 아들을 야단치지 않은 어머니였다. 그저 눈을 탁, 감고 한숨을 내쉬었다.

"층층시하 어른들을 모시고 아이들 모두 학교에 보내야 했으니 무슨 돈이 있었겠어요. 그래도 큰소리 안 내시고 눈을 감아버리시던 모습이 생생해요. 일하시는 곳까지 따라가 떼를 부렸던 것이 일생 가슴 아프게 남아 있어요. 세상 살면서 남을 가슴 아프게 해서는 안 되겠다는 생각을 하게 했죠."

시부모님, 남편을 수발하고 6남매를 키우며 농사짓고 길쌈하고, 옷감을 끊어다가 아이들 옷까지 해 입혔던 어머니는 일류디자이너였다. 자식들의 소변을 찍어 먹어보고 대변 색깔로 자식이 어떤 병인지 알아내, 약초를 캐어다가 달여 먹였던 유능한 의사였다. 만능이고 철인이었다. 그러다 보니 어머니 몸이 어느 때부터 쇠약해지기 시작했다. 어린 눈에도 젊은 어머니가 어딘가 아파 보였다.

초등학교 3학년 때다. 동무들과 놀다가 싸움박질을 하던 와중에 친구 하나에게 상처를 입히고 말았다. 어린 시절 흔한 일이지만 철이 난 이 아들은 어머니가 이 사실을 알면 상심하실게 걱정이었다. 친구의 손을 잡고 혼을 내러 온 친구의 어머니에게 길에 서서 용서를 빌었다.

"저희 엄마께서 병중이세요. 이 사실을 알면 얼마나 놀라시고 속상하시겠어요. 저를 야단치시려면 여기서 때려주세요. 잘못했습니다.”

이렇게 일찌감치 철이 난 아들을 두고 어머니는 얼마 후 세상을 떠나셨다. 아들의 등을 토닥여주며 말없이 사랑을 주었던 어머니였다. 음식 솜씨가 좋아서 풍성하게 음식을 마련해 이웃과 나눠 먹고 탁발하러 온 스님들에게 넉넉하게 쌀을 부어주시던 어머니였다. 자식보다 친구들을 더 칭찬하며, 상대방을 칭찬하는 것이 얼마나 인간의 영혼을 살찌우게 하는가를 가르치셨던 어머니였다.

어머니가 돌아가시고 아주 나중에 아버지에게 들었다. 어머니는 돌아가시기 전 비몽사몽간에 스님 세 분이 나타나 서쪽을 바라보며 아미타불을 부르더라면서, 갈 날이 얼마 남지 않은 것 같다고 남편에게 말했다고 한다. 돌아가시기 사흘 전에 어머니 얼굴을 본 것이 마지막이 되었다. 어머니 나이 고작 마흔 즈음이었다.

그때 열다섯 소년이었던 아들은 출가해 수행자가 되었고 어머니 나이쯤 되었을 때 어머니를 향한 그리움을 한 편의 시로 토해냈다. 돌덩이처럼 가슴 한편에 매달려 있던 아득한 그리움, 그 가없는 은혜를 갚을 시간도 주지 않은 채 떠나버리신 어머니에게 바치는 사모곡이었다.

이 세상 지중한 은혜 배서리어 낳으신 날

하늘이 무너지고 땅이 꺼진 아픔으로
큰 목숨 궁굴리어 자식 사랑 낳으신 날
그 사랑 바다보다 넓고 더욱 빛나옵니다

은혜가 깊을수록 당신 모습 여위시고
한평생 다하도록 사랑으로 이어져서
10년에 다시 10년 또 몇 곱을 포개어도
이 세상 변치 않는 것 당신 사랑뿐입니다

자식이 병이 들면 어머니도 병드시고
자식이 서러우면 어머니는 더 서러워
그 얼굴 주름살은 골골마다 깊으신가
뻐꾸기 피울음인 양 철을 따라 우옵니다

삼삼히 눈 감으면 잡힐 듯이 어린 시절
어머니 하얀 머리 올올마다 실려오고
절로는 내 가슴에 눈물로만 번져와서
생각은 노을이 되어 서녘하늘 덮습니다

어머니를 향한 간절한 그리움과 은혜를 다 갚지 못한 아쉬
움이 담긴 이 시는 〈큰 사랑〉이라는 이름을 달고 대중가요로
만들어졌다. 15, 6년 전 유명 작곡가 남국인이 곡을 만들고 가

수 진송남 부부가 노래를 불러 많은 사람들의 가슴을 울리고 있다.

"자식이 병들면 어머니도 병들고 자식이 서러우면 어머니는 더 서럽다는 구절이 무엇보다 세상 어머니들의 심정을 대변하는 것 같아요. 그런데 나이 마흔이 되어도, 칠순이 넘어도 어머니에 대한 그리움은 똑같죠?"

"평생 허전함으로 남아 있는 그리움과 은혜를 잊을 수가 없죠. 어머니는 철인이셨고 만능이었어요. 훌륭한 의사이시기도 했죠. 앉아서 참선 한 번 안 해보셨는데도 세상 이치를 다 아신 것처럼 말씀하고 생활하셨어요. 보살행을 몸소 실천하신 구도자였죠. 고생만 하시다가 돌아가신 어머니에게 따뜻한 공양 한 번 지어 드리지 못했어요. 병구완 한 번, 용돈 한 번 제대로 못 드리고 한없는 은혜만 입었다는 생각이 들었어요. 세상살이를 비추어보면 내 덕에 살아가는 것이 아니라 다 다른 사람의 은혜 속에 살아가는 것이고, 그것이 연기의 법칙이라는 것을 깨닫고 보니까 조금 더 사셨더라면 얼마나 좋았을까 생각도 해요. 그래서 부모 살아 계실 때 잘 모시고 효도하는 게 중요하죠."

"스님은 어린이와 청소년 포교를 30년 가까이 하셨는데 그 아이들에게 가장 중요하게 가르친 것은 무엇이었을까요?"

아이들에게 제2의 어머니 역할을 한 스님의 교육철학이 궁금했다. 그들이 자라 어머니, 아버지가 될 터인데, 자식에게 부모의 역할은 절대적이지 않은가.

"불교 자체가 인성을 위한 기본교육입니다. 그중에서도 인간이 갖추어야 할 기본적인 실천 윤리가 오계五戒입니다. 살생하지 말라는 것은 생명의 존귀함을 깨달으라는 거예요. 모든 것은 생명 자체의 위대한 에너지를 가지고 있어요. 그걸 알면 생명을 해하지 않습니다. 도둑질하지 말라는 것은 남의 물건을 훔치지 말라는 것이 아니라 근면하고 성실하게 살라는 거예요. 피땀과 노력 없이 무엇을 이루겠습니까. 이것 없이 얻으려고 하는 것은 도적질과 마찬가지죠. 다음은 사음하지 말라는 것인데, 올바른 이성 관계를 맺으라는 뜻입니다. 이것이 무너지면 가정 전체가 무너져요. 생명을 존중할 줄 알면 이는 저절로 실천됩니다. 다음은 거짓말하지 말라는 것인데, 바른말을 하라는 거예요. 좋은 말이 마음을 깨끗하게 하고 나쁜 습관을 바꾸게 합니다. 그리고 술을 지나치게 먹지 말라는 거예요. 이것을 자제하는 것도 자신을 극복하는 큰 덕목이기 때문에 중요한 부분이죠. 좋은 인성이 따로 있는 게 아니에요. 자신이 존귀하고 위대하다는 것을 깨우쳐주면, 내가 위대한 만큼 다른 사람도 존귀하다는 것을 자연히 알게 되죠. 그럴 때 배려가 생기고 소통이 되는 겁니다. 이러한 교육을 받고 자란 사람들은 각계각층에서 건강한 사회인으로 살아갑니다. 훌륭한 부모가 되고요."

절에 온 아이들에게 자기를 극복하는 방법을 가르치기 위해 함께 108배도 하고 3000배도 하셨다는 이야기를 들으면서, 철인이었고 훌륭한 의사였다는 스님의 어머니를 떠올렸다. 지원 스님이야말로 세상 사람들에게 큰 어머니 역할을 하고 있다는 느낌이 들었다.

스님을 만나고 온 다음 날 스님이 보낸 유튜브 영상 두 개가 도착했다. 스님이 작사한 〈큰 사랑〉과 〈효〉 영상이었다. 그리고 다음 구절.

"나에게 있어서 어머니는 관세음보살의 아바타요, 이 세상에서 가장 위대한 분은 어머니다."

3장

인생은 때로
상처에서 꽃을 피운다

이곳도
문 닫으면 무문관입니다

동은 스님(삼척 천은사 주지)

    언제 보아도 진실한 사람이 있다. 팥으로 메주를 쑨다 해도 믿을 정도로 언행이 진실한 사람이 있다. 삼척 천은사 주지 동은 스님이 바로 그런 분이다. 젊으셨을 적에도 그랬고 예순이 넘은 지금 뵈어도 잘생기셨다. 왜 그런가 생각해보니 그 한결같은 진실함 때문이었다. 그래서 나는 믿는다. 진실함이 아름다움을 만들고 세상의 미남, 미녀를 만든다고.

    10여 년 전, 동은 스님이 펴낸 《무문관 일기》(2018년 《그대 지금 간절한가》라는 제목으로 재출간되었다)를 읽고 눈물이 났던 기억이 난다. 스님의 진실함이 고스란히 전해졌기 때문이다. 스님은 100일간의 처절한 '무문관 수행'을 이야기하면서 '진실함만이 나를 살리고 세상을 구원한다'고 했고, 그 진실함은 간절함에서 비롯된다고 했다.

동은 스님이 건강한 몸으로 군대에 다녀와 사회생활을 야심 차게 시작하고 있을 때였다. 어느 날, 현기증으로 길에서 쓰러져 병원에 갔다. 그 무렵 어지럽고 간혹 코피를 쏟아도 일을 무리하게 해서 그런가 보다 했다. 진찰을 끝낸 의사가 혈액암이라고 했다. 길어야 2, 3년 정도 살 수 있다는 것이다. 지금은 다양한 치료 방법이 생겨났지만, 당시는 골수이식 말고는 다른 방법이 없었다. 거기다가 고액의 비용이 드는 일이어서 거의 포기하다시피 하는 경우가 다반사였다.

이 청천벽력과도 같은 병고는 한 청년의 삶을 벼랑 끝으로 몰아세웠다. 겨우 스물다섯이었다. 방황이 시작되었다. 왜 내 의지와 상관없이 병이 들고 죽어야 하는가, 도저히 수용할 수 없었다. 아니, 억울했다. 일을 그만두고 길을 걷고 또 걸었다. 목적지 없이 버스를 타고 가다가 내려 밥을 얻어먹기도 하고 노숙을 하기도 했다.

그러던 어느 날이었다. 버스에서 내렸는데 어느 깊은 산골이었고 날이 어두워져 있었다. 물어물어 한 스님이 머물고 계시다는 토굴에 찾아들었다. 주인이 출타한 곳에 쓰러져 잠이 들었다. 다음 날 새벽, 여명에 비친 시 몇 구절이 마치 전류처럼 가슴으로 휘몰아쳐 들어왔다.

소리에 놀라지 않는 사자처럼 당당하게

그물에 걸리지 않는 바람처럼 자유롭게
진흙에 물들지 않는 연꽃처럼 청정하게
무소의 뿔처럼 혼자서 가라

한 방 맞은 듯 '소식'이 왔다. 막연함으로 둘러싸였던 방황이 한순간에 '출가'로 정리되었다. 출가해서 삶과 죽음의 문제, 이 병을 있게 한 연유를 풀어보기로 했다. 공부해서 이 문제가 풀리면 다행이고 풀지 못한 채 죽더라도 덜 억울할 것 같았다. 그렇게 '생사'라는 화두 하나가 단단히 가슴에 박혀 들어왔고 출가 준비를 위해 의령 집으로 돌아왔다.

출가하던 날 새벽, 부모님께 드리는 편지 한 통을 마루에 올려 놓았다. 장남으로 태어나 은혜를 다 갚지 못하고 출가하는 아들을 용서해달라는 편지였다. 그리고 아홉 번의 절을 올렸다. 낳아주고 길러주신 은혜에 세 번, 그리고 혹시 돌아가시더라도 찾아뵙지 못할 것을 생각해 세 번의 절을 올렸다. 마지막 삼배는 부모님보다 먼저 세상을 떠날지 몰라 미리 올린 절이었다.

어머니 생각에 눈물이 많이 흘렀다. 걱정하실까 봐 발병 소식을 함구했었다. 시골에서 평생 5남매를 키우느라 농사짓고 이 동네 저 동네 행상하며 고생하신 어머니였다. 모범생에 착하기만 했던 장남이 난데없이 출가하겠다고 집을 나간 것을 아시면 충격을 받으시리라.

월정사에서 행자생활이 시작됐다. 처음 도착한 날 들어간 곳이 법당 뒤 삼성각이었다. 무슨 인연이었을까, 절을 올리고 보니 불전함에 '불교병원건립모금함'이라는 글이 적혀 있었다. 저절로 주머니에 손이 갔다. 가지고 있던 전 재산 100원짜리 동전 하나를 시주하며 부처님께 약속드렸다.

"운명의 그물에 걸려 부처님 품 안으로 들어왔습니다. 출가 수행한 공덕으로 병이 나으면 남은 생은 덤으로 여겨 아프고 힘든 중생을 위해 살겠습니다."

바쁜 틈에도 짬을 내어 기도했다. 간절했다. 살아나야 했다. 그 간절함에 운명이 손을 들었다. 삼성각에서 '약왕보살'을 부르며 기도하던 어느 날이었다. 월정사 팔각구층석탑 앞이었다. 피를 토하는 심정으로 간절하게 기도하고 있는데, 한쪽 무릎을 꿇고 있던 약왕보살님이 일어나 걸어오더니 살아 있는 눈빛으로 미소 지은 채 이마에 손을 얹었다. 온몸이 고압선에 감전된 듯 떨렸다.

희열이 온몸을 감싼 가운데 '부처님 감사합니다' 하고 눈을 떴다. 깜깜한 행자실에 온몸이 젖은 채 앉아 있었다. 문을 열고 나가 팔각구층석탑 앞의 약왕보살님께 삼배를 올렸다. 그렇게 몽중가피를 실감한 순간, 삶을 송두리째 위협했던 병이 손을 들고 물러갔다. 그 후 스님은 법상에서 혹은 절을 찾는 사람들에게 '지극하게 기도하면 반드시 부처님 가피가 있다'

고 설한다. 간절한 원을 가슴에 품고 온 마음을 다해 기도하면 이루지 못할 것이 없다는 것을 절절히 체험했기 때문이다.

그렇게 죽음의 경계에서 벗어나 수계를 하고 부모님이 계신 고향을 찾았다. 수행자로서 잘 살고 있는 모습을 보여 안심시켜드리고 싶었다. 해 저문 저녁나절 불쑥 나타난 아들을 보고 부친은 가만히 서 계셨다. 어머니는 반가운 기색을 감추지 못한 채 수행자가 되어 돌아온 아들을 방으로 모셨다. 그리고 집에 있던 자식들을 불러 절하게 했다.

"우리 큰아들이 출가해서 스님이 되셨으니 앞으로 수행자로 잘 예우해서 모셔야지요."

온 가족이 삼배를 올리는 것으로 끝이었다. 어머니는 왜 출가를 했느냐, 힘들지 않느냐, 돌아오라는 소리를 일절 하지 않았다. 자식이 선택한 '현재'를 철저히 수용하는 지혜로운 어머니를 보면서, 스님은 봉양해야 할 부모님을 두고 떠난 장남의 미안한 마음을 내려놓을 수 있었다. 한번 죽기 살기로 공부해보리라 다짐했다. 그래도 혹시 자식의 마음이 무거울까 걱정되는 것이 어머니의 심정이었을까. 하룻밤도 묵지 않고 집을 나서는 아들에게 어머니가 말씀하셨다.

"스님, 집안일은 걱정하지 마시고 열심히 수행해서 성불하세요. 공부에 게으르면 부처님께도, 부모에게도 죄를 짓는 일입니다. 오로지 수행에만 전념하세요."

출가 후 처음 찾아뵈었던 그날, 마당가에서 손을 잡고 하셨던 어머니의 말씀은 수행자로서 삶에 이정표가 되었다. 그 후 또 다른 병고로 힘들고 어려울 때도 자신을 일으켜 세우는 원동력이 되었다.

20여 년 전, 동은 스님은 강진 백련사에서 무문관 수행을 했다. 무문관 수행은 생사를 걸고 정진하는 치열한 공부다. 밖에서 문을 잠그기 때문에 누가 열어주기 전에는 절대 밖으로 나올 수 없다. 수행에 필요한 최소한의 공간에서 화두 하나와 싸움을 벌이는 용맹정진이다. 스님은 그때의 단상을 《그대 지금 간절한가》라는 책에 담았다. 책 내용 중 〈지금 당장 여기서 하고 싶은 것들〉이라는 글에 이런 구절이 있다. 스님이 그곳에서 어떤 생활을 했는지 단적으로 알 수 있는 내용이다.

문을 활짝 열고 싶다. 맨발로 마당을 거닐고 싶다. 일직선으로 백 보만 걷고 싶다. 큰절 부처님 얼굴 한번 보고 싶다. 산과 들을 지나온 그리운 바람을 가슴 깊이 들이마시고 싶다.

100일 동안의 일기지만 스님 출가의 모든 것이 들어 있다고 볼 수 있는 이 책이 출간되자 어머니께 한 권 보내드렸다. 아마도 어머니는 이 책을 읽고 출가가 무엇이며 아들이 어떻게 치열한 수행을 하며 살아왔는지, 또 어떻게 병고를 이겨내며 살아왔는지를 알고 눈물을 흘리셨으리라.

어느 날, 낡은 고향 집을 떠나 작은 아파트로 이사했다는 소식을 듣고 아들 스님이 안부 전화를 드리니 이렇게 말씀하셨다.

"스님, 여기도 문 하나만 닫으면 무문관입니다."

"어머니, 무문관이 뭔지 아세요?"

"제가 스님 책을 다 읽었어요. 저도 열심히 공부 잘하고 있습니다."

지금 여든둘이신 어머니는 하루 일과가 기도로 꽉 차 있다. 불교방송에서 스님들의 법문을 듣고 경전을 읽고 기도한다. 백일기도를 이어가다 끝나고 나면 '다음에 무슨 기도를 하느냐'고 아들 스님에게 묻는다. 작은아들이 출가한다고 했을 때 '잘 생각했다'며 '동은 스님처럼 수행 잘해서 도를 이루라'고 축하해준 어머니였다.

"강원을 졸업하고 처음 도반들과 어머니들을 모시고 미얀마 여행을 다녀왔는데 정말 좋아하셨어요. 그 후 불교 국가를 순례할 때는 어머니를 모시고 다녔어요. 저는 1년에 몇 번씩 어머니를 찾아뵙고 인사드립니다. 어버이날엔 용돈도 드리고 자주 안부 전화도 드립니다. 부모님이 계셔서 내 몸이 있고 수행도 하는 것인데, 외면하고 수행한다는 것은 맞지 않는다고 생각해서 출가 후 줄곧 그렇게 해왔어요."

동은 스님의 수행 원동력은 아무래도 저 따뜻한 효심인 것

같다. 아들 스님이 지어드린 선덕화善德華라는 법명처럼 아름
다운 덕으로 삶을 꽃피우고 계신 송점수 여사. 아들 셋 중에
둘을 출가시켰으니 복덕을 갖춘 대보살이 틀림없다.

제가 공양주를
하겠습니다

해성 스님(사회복지법인 연화원 대표, 광림사)

　　장애인을 위한 사회복지법인 연화원을 운영
하며 불교의 평등과 자비 사상을 실천하고 있는 해성 스님. 스
님의 출가는 어렸을 적부터 어머니의 손을 잡고 절에 따라다
녔던 것에서 비롯되었다. 40여 년이 흐른 지금도 어머니는 딸
스님의 손을 놓지 않고 있다. 딸이 출가할 때 어머니도 함께
출가한 셈이다.

　초등학생인 어린 딸은 어머니가 절에 갈 때면 따라나섰다.
5리 정도를 타박타박 걸어가 나룻배를 타고, 다시 버스를 두
번이나 갈아타고 정릉의 조그만 절에 가는 길이 즐겁기만 했
다. 어머니가 법당에 들어가 기도하는 동안 절 마당에서 또래
들과 뛰어놀았다. 중고등학교 때도 어머니를 따라 절에 갔다.
오며 가며 어머니가 일러주셨다.

"건강하고 공부 잘하려면 부처님이 도와주셔야 해. 시험 보다가도 생각 안 나면 '나무묘법연화경'을 외우렴."

나중에 출가해서 보니 어머니는 법화종 사찰에 다니셨는데, 불교가 무언지 몰랐어도 어릴 때부터 어머니 덕분에 기도를 하면 마음이 편해진다는 것을 알았다. 그러나 그때까지만 해도 출가를 하게 될 줄은 몰랐다. 고등학교를 졸업하고 직장에 다니면서 스스로 절을 찾기 시작했다. 직장생활을 하면서 겪는 학력 차별이 너무 괴로웠기 때문이다. 학력 차별로 인해 미래에 대한 희망이 없다는 사실이 더욱 견디기 어려웠다. 고통은 어머니가 가르쳐준 염불로도 해결되지 않았다.

그러다가 휴가 때 친구들과 놀러 간 절에서 스님들이 한 방에 둘러앉아 발우공양을 하는 모습을 보게 되었다. 가슴이 활짝 열리는 것 같았다. 회사에서는 사장을 대면조차 할 수 없고 과장 앞에서도 고개 한번 들지 못하는데, 이곳은 노스님, 어른 스님, 젊은 스님 할 것 없이 빙 둘러앉아 밥을 먹고 있었다. 충격이었다. 곁에 있던 한 스님에게 어떻게 어른들이랑 다 같이 식사하는 게 가능하냐고 물었더니, 절집의 생활은 완전한 평등사상 위에서 이뤄진다는 대답을 해주었다.

그날 들은 '평등'이라는 단어가 가슴 깊숙이 들어와 출가로 이어졌다. 모든 생명이 지혜와 자비를 갖춘 부처이기에 모두가 평등하다는 사상이 신선했다. 든든했다. 계급화로 이루어진 불평등한 사회에서 고생할 게 아니라 출가해서 평등사상을 공부하며 멋있게 살아보자고 결심했다.

그토록 열심히 절에 다니며 기도하던 어머니였지만 딸이 출가하겠다고 하자 거의 기절하기 직전이었다. 맏딸을 결혼시켜 손주 보기를 원했던 아버지는 눈물까지 비치면서 반대했다. 당시만 해도 여성의 출가는 인생에 실패한 사람이 아니면 선택하지 않는 길로 인식되어 있었다. 그러나 출가해서 평등한 세계에 살고 싶은 결심을 누구도 막지 못했다. 어머니는 다니던 절의 스님이 '부처님과 결혼하는 거니까 걱정하지 말라'며 위로하자 겨우 마음을 추슬렀다. 그리곤 절에서 덮고 잘 명주 이불을 만들어주었다. 스님은 이 이불을 아직도 간직하고 있다.

막상 마음을 돌려 절에 보냈어도 어머니는 오래도록 딸의 출가를 서러워했다. '다시 돌아올 수 없니?'라는 말을 여러 번 내비쳤다. 공무원이었던 아버지는 박봉 때문에 맏딸을 대학에 보내지 못한 것이 출가의 이유인 것 같아 몹시 미안해했다.

어머니는 딸이 출가해서 강원과 동국대학교를 졸업하고 장애인들을 위한 복지활동으로 불교의 '평등사상'을 실현하는 동안, 딸 스님보다 더 열심히 신행생활을 했다. 새벽에 일어나 경전을 읽고, 출가한 자식이 만인을 위한 보살행을 할 수 있게 해달라고 기도했다. 그러는 사이 남은 자식들 모두 불교에 귀의했고 남편도 경전을 보며 신심을 키워갔다. 딸 스님이 학교를 다니는 동안 경제적 지원도 아끼지 않았다.

그러다가 어머니가 아예 보따리를 싸 들고 딸 스님과 합류해 출가 아닌 출가생활을 시작한 것은 스님이 장애인들을 위한 법회를 하기 위해 법당을 마련했을 때였다.

"'사랑의전화' 교육을 받으면서 사회복지에 눈을 떴어요. 수녀님들, 젊은 타 종교인들 속에서 교육을 받으면서 이런 세상이 있구나 했죠. 수녀님이 운영하는 장애아동 시설에 가서 봉사할 때, 중증장애인들을 목욕시키고 밥을 떠먹여주는 수녀님들의 숭고한 모습을 보면서 진정한 보살행에 대해 생각했어요. 교육을 받으러 가거나 시설에 봉사하러 가면 '스님도 이런 곳에 오냐'는 말을 많이 들었어요. 불교계에 장애인 복지 시설이 거의 전무할 때였거든요. 30여 년 전 청각장애인 교회는 전국에 200여 곳이었지만 우리는 세 개였어요. 지금도 그래요. 사실 경전의 내용도 모두 상담 과정이잖아요. 청각장애인들을 위해 수화를 배우고 공연도 하다가 그분들과 가족들을 위한 법회를 열기 위해 법당을 마련하기로 했죠. 그때 어머니가 공양주를 자청하며 들어오셨어요."

어머니는 법당을 청소하고 밥을 지어 신도들과 딸 스님에게 공양을 올렸다. 그리고 남은 시간엔 기도만 했다.

"어머니가 옆에 계시면 제가 수행자로서 약해 보여요. 아버지도 계신데 이제 집으로 돌아가세요."

"스님, 제가 공양주 역할이라도 하고 싶어요. 공양주 월급

줄 돈을 장애인들 후원하시는 데 쓰세요."

집으로 돌아가라는 딸 스님의 권유를 마다한 채 어머니는 절에 큰 행사가 있을 때면 딸 스님과 시장을 보고 음식을 만들었다. 절에 필요한 물건들도 만들어냈다. 스님이 수화를 배우고 대학원에서 사회복지학을 공부하고 봉사를 하러 다니는 동안 절을 지켰다. 그리고 절에 오는 장애인들을 자식처럼 보살폈다. 그렇게 함께한 세월이 25년이다. 언젠가는 남동생이 집으로 모셔 갔는데 며칠 만에 다시 돌아왔다. 절 생각에 잠을 못 주무셨다는 것이다.

스님은 사회복지 활동을 하면서 어머니에 대한 시각이 달라졌다. 한 자식 출가에 구족이 승천한다고 했고, 자신의 출가로 인해 온 가족이 불자가 되었으며, 동생들도 사회복지학을 전공해서 보살행을 실천하고 있으니, 이만하면 자식의 도리를 다했다고 생각했다. 그런데 호스피스 병동에서 봉사를 하다가 어머니들을 만나면서 알았다. 죽는 순간까지 자식의 안위만을 생각하는 존재가 어머니라는 사실을.

"열이면 열, 나 좀 빨리 낫게 기도해달라고 하시는 분은 없었어요. 죽음을 코앞에 두고도 어머니들은 제 손을 붙잡고 우리 아들딸 잘되게 기도해달라고 부탁하시더군요. '아, 우리 어머니의 자식에 대한 사랑도 이런 마음이겠구나' 싶었죠. 병원에 법당을 만들어 법회를 보면서 만난 어머니들도 똑같으셨어요. 오로지 자식만을 생각하고 그들이 문안 와주기를 바라죠. 그 후로 스님들에게 한 달에 한 번이라도 어머니께 전화를 드리라고 권했어요. 자신의 어머니한테 효도하지 못하면서 우리가 무슨 신도들을 향해 〈부모은중경〉을 강의하겠느냐고요."

오로지 자식에 대한 헌신으로 일생을 사는 어머니들을 보면서 스님은 어머니를 향한 고마움과 미안한 마음을 담아 시를 쓰기 시작했다.

금빛 노을 내려앉은 산자락
나부끼던 수풀 가쁜 숨을 삼키고
뭉게구름 쉬어가는 고요한 산사
땡그렁 땡 땡그렁 땡
처마 밑 물고기 바람에 기대어
눈물 소리로 나를 부른다
이 세상 무엇과도 바꿀 수 없는
귀한 보배라며 잔잔한 미소로
어루만져주시던
어루만져주시던 어머니 어머니
잡은 손 뿌리치고 돌아선
이 자식 그리워 가슴 조이며
황혼 빛 그늘에서

옥 같은 모습 사라진 어머니

긴 세월 불효함에

가슴 깊이 묻어둔 눈물 감추며

풍경소리에 어머니의 사랑 담아

바람에 실려 보낸다

이 시에 작곡하는 능인 스님이 곡을 붙이고 해성 스님이 노래를 직접 불렀다. 이 곡은 〈어머니의 풍경소리〉라는 이름으로 세상에 나와 많은 자식들의 심금을 울리고 있다. 이 곡 말고도 스님이 가사를 만들고 노래해서 세상에 선보인 곡이 많다. 음반도 여러 개 나왔다. 딸 스님이 주관하는 '수화 사랑 음악회'에 오실 때마다 노래하고 수화하는 스님을 보면서 어머니는 눈물짓곤 한다.

"너무 고맙고 좋아서요."

이제 어머니는 출가한 딸을 더 이상 애처로워하지 않는다. 장애인들의 어머니가 되어 살아가는 딸 스님을 자랑스럽고 기쁜 마음으로 바라본다.

97세의 어머니는 다음 생엔 출가자가 되어 딸 스님처럼 어려운 사람들에게 큰 사랑을 베풀며 살기를 발원하고 있다. 딸이 출가함과 동시에 자신도 마음으로 출가해 함께 힘껏 수행하고 보살행을 하면서 어려운 장애인들의 어머니가 된 것이다.

어머니와 해성 스님이 계신 광림사에서는 법회 때 이렇게 인사한다.

"고사리!"

'고맙습니다, 사랑합니다, 이해합니다'라는 뜻의 염불이다. 이렇게 염불하는 동안 모두 한 송이 연꽃으로 피어나겠다 싶다. 스님이 운영하는 연화원이라는 이름처럼.

부처님한테 가서
공부해라

동봉 스님(곤지암 우리절 주지)

경기도 곤지암 우리절 주지 동봉 스님은 불교계의 보기 드문 저술가다. 《금강경》, 《천수경》, 《범망경 보살계본》, 《용성스님 어록》 등 수십여 권의 경전을 번역, 발간했다. 에세이 《마음을 비우고 차나 한 잔 들게》와 《마음을 비우게 자네가 부처야》, 반야심경을 알기 쉽게 풀이해서 들려준 오디오 에세이 《오디오 반야심경》은 수십만 부가 팔리는 기염을 토했다. 남들이 선방에서 참선수행을 할 때 방에 들어앉아 경전을 통독하며 글을 쓴 결과다.

스물넷에 출가해 일흔이 넘은 지금도 계속 경전을 번역하고 글을 쓰고 있다. 할 줄 아는 게 그것뿐이라는 게 스님의 변이지만, 어쨌든 천생 저술 수행자임에 틀림없다. 학교를 다닌 것은 초등학교 4학년 때까지가 전부라는데, 한문투성이의 경전을 어떻게 읽고 번역한 것일까. 때로 인생은 가장 아픈 상처에서 꽃을 피운다.

아버지는 강원도 원주 산골에 집을 지어 아들 셋, 딸 하나를 데리고 이사했다. 학교가 왕복 60리 거리에 있어 자연스레 학교를 다니지 못했다. 막내 여동생은 열한 살이 되어서야 동네에 생긴 분교에 들어갔다.

아버지는 명석했던 둘째 아들을 서당에 보내고 막내아들은 농사를 짓게 했다. 스님은 학교에 가지 못하는 속상한 마음을 누르고 아버지의 명에 따라 열세 살에 농부가 되었다. 이런 아들이 안타까웠던 어머니는 동네 어느 집에선가 책을 빌려다 주셨다. 저녁마다 그것을 읽고 방에 두면, 아버지는 그게 남의 책인 줄 알면서도 책장을 뜯어 담배를 말아 피우셨다. 공부하고 싶어 하는 자식을 말리는 아버지가 인연을 끊어버리고 싶을 만큼 미웠다. 이런 동생이 안되어 보였는지 작은형이 일주일에 한 번쯤 서당에 데리고 갔다. 《명심보감》을 배웠다. 3개월 만에 한문 원문과 해석본을 다 외웠다. 출중한 잠재력과 앞날을 꿰뚫어 본 듯, 훈장님이 옥은玉隱이라는 호를 지어주며 말씀했다.

"땅속에 묻혀 있는 옥이지만 언젠가는 드러날 것이다."

그 뒤 《동몽선습》도 배웠다. 그러면서 한문에 문리가 트였다. 열다섯 살에는 중고등학교 과정의 재건학교에 나가 목말

랐던 배움에의 갈증을 달랬고, 열일곱 살이 되기 전에 중고등 과정 검정고시를 통과했다. 내친김에 사법고시를 준비해 도전했으나 낙방했다.

상심해 있던 스물세 살 즈음이었다. 음력 2월 보름 열반재일이던 그날, '오늘은 엄마하고 절에나 가자'고 해서 어머니가 다니던 치악산 구룡사에 갔다. 절이라고는 처음 가본 그날 주지 스님의 법문을 들었다.

"열반이란 욕심과 성냄과 어리석음을 버리는 것이다."

막연히 육신의 죽음이 열반인 줄 알았던 청년에게 그 설법은 충격이었다. 동네 형들을 따라 교회에 가서 목사님의 설교도 듣고 성경도 달달 외울 정도로 읽었지만 그렇듯 멋진 말은 처음이었다. 불교를 깊이 좋아하게 된 순간이었다. 자식의 변화를 가장 먼저 눈치채는 존재가 어머니 아닌가. 어머니가 절에서 내려오며 무심히 말씀하셨다.

"어느 스님께 네 사진을 보여드렸더니 너는 얼마 못 산다고 하시더라."

"그래 얼마나 산대요?"

"서른아홉까지 산다더라."

마치 남의 말 하듯 담담히 얘기하는 어머니께 물었다.

"그럼 어떻게 해야 돼요?"

"사주팔자를 바꿔야지!"

마치 오랫동안 이때를 기다려온 사람처럼 어머니는 간단하게 방법을 말해주었다. 절에서 불경을 빌려다 주면 열심히 읽던 아들이었다. 토만 달린 한문《법화경》을 술술 읽어 내려가는 아들을 보면서 내심 아들이 출가하기를 바랐던 것 같다. 자식에게 공부 길을 열어주지 못한 것을 늘 가슴 아파 하던 어머니는 한문 잘 읽는 아들이 절에 들어가 맘껏 공부할 수 있기를 바랐는지도 모른다.

"너는 아무래도 절에 들어가 살아야 할 것 같아. 여기 세상에 있어봐야 농투성이(농사꾼)밖에 더 되겠니. 절에 다니며 스님들 법문을 들어보니까 부처님 공부보다 더 좋은 것은 없는 것 같더구나. 부처님한테 가서 공부하거라."

열반에 대한 신선한 얘기를 듣고 첫사랑처럼 불교를 좋아하게 되었던 차에 어머니의 그 말씀이 더해져 출가를 결정했다. 다음 날 집을 나와 구룡사로 갔다.

"어머니는 한글을 겨우 깨친 분이셨지만 불교와 인연을 맺으면서 오히려 수행자인 저보다 훨씬 높은 경지에 이르셨어요. 눈에 보인다고 해서 그것을 전부로 보지 말고, 눈에 보이지 않는다고 해서 없는 것으로 보지 말라는 말씀을 자주 하셨어요. 어머니는 아마 제게 출가를 권하실 때도 인생을 관통하고 있는 인연법을 아셨던 것 같아요. 삶을 있는 그대로 보고 마음을 비우고 사신 분이었죠."

젊은 날 제대로 공부하지 못한 깊은 상처는 해인사에서 은사가 된 고암 스님을 만나면서 오히려 화려하게 꽃을 피웠다. 5개월 만에 구룡사를 떠나 해인사 용탑에서 친견한 고암 큰스님이 물었다.

"한문은 좀 아느냐?"

"조금 배웠습니다."

당시 종정이며 용성 스님으로부터 법을 이어받은 큰스님은 한문으로 된 《용성어록》을 내놓았다. 토만 달린 순 한문의 글이었다. 사흘 만에 그 책을 막힘없이 읽었는데, 고암 스님은 용성 스님의 오도송에 대해서 묻고는 특출한 해독에 흡족해 하셨다.

"너는 내 시중들 것 없이 공부에만 전념하거라."

그 뒤 "참선하려면 '이 뭣고?'를 찾을 것이며, 경을 읽으려면 《금강경》을 읽고, 계율을 지키려면 《범망경 보살계본》을 공부하거라. 그리고 출가자도 부모를 저버리면 안 되니 《부모은중경》을 항상 소중하게 여겨라."라는 말씀을 받들어 저 경전들을 번역, 발간했다.

사미계를 받기 전, 어머니가 용탑에 오셨다. 어머니는 큰스님을 모시고 여법하게 행자생활하고 있는 아들을 보고 기뻐하셨다.

"내가 너를 낳기를 잘했구나. 네가 부처님을 만났으니 잘되었고, 큰스님을 은사로 모시게 되었으니 참으로 좋은 인연이구나."

어머니가 54세, 아들이 24세 때였다.

"출가해서 때로 흔들릴 때 두 가지 일이 저를 다잡아주었는데, 하나는 정말 참 좋은 인연이라며 환하게 웃으시던 어머니의 모습이고, 다른 하나는 아버지의 눈물이었어요. 구룡사로 들어갈 때 아버지가 기차역까지 바래다주며 부처님 시봉 잘하라는 말씀을 하시곤 돌아서서 우셨어요. 어렸을 때는 학교 보내주지 않는 게 미워서 칡넝쿨 새끼줄로 아버지를 어떻게 해보려고 했을 만큼 미워한 분이었지만, 어려울 때마다 아버지의 눈물을 떠올리며 힘을 내었죠."

스님은 출가수행자가 된 아들을 자랑스러워하던 어머니를 돌아가시기 전까지 10여 년 모시고 살았다. 곤지암에 지금의 우리절을 짓고 절 다니기를 좋아하던 어머니를 모셔왔던 것이다.

83세에 돌아가시기 전까지 어머니의 하루 일상은 온통 기도였다. 하루 종일 《천수경》의 신묘장구대다라니 주력 기도를 하셨다. 잠자고 공양하는 시간 빼고는 온통 기도였다. 교통사고 후유증으로 몸이 불편했을 때도 3회, 7회, 21회, 108회로 절을 늘려갔다. 결국 1년 동안 1080배를 빠짐없이 하는 저력을 보였다. 그렇게 수행자처럼 사시는 어머니께 아들 스님이 부처님이 그렇게 좋으냐고 물었다.

"부처님 소중한 걸 어찌 말로 다 할 수 있겠어요. 스님도 부처님 시봉 잘 하시고 큰스님 되세요."

몸은 쇠락해갔으나 부처님을 소중히 여기며 사셨던 신심으로 어머니의 마음 세계는 늙지 않는 것 같았다. 늘 담담해 보였다. 언제나 푸근한 미소가 떠나지 않았다. 흔히 나이 들면 늘게 되는 살아온 날들에 대한 푸념도 전혀 없었다.

"아버지가 돌아가시기 직전 잠시 눈을 떴을 때 어머니가 내가 누구냐 물으니, '누군 누구야, 나 때문에 고생 가장 많이 한 사람이지'라고 하시곤 눈을 감으셨다고 해요. 180센티미터의 장신에 인물이 훤하셨던 아버지 곁에는 늘 다른 여자들이 있었어요. 어머니가 마음고생이 심했죠. 그런데 그 한 마디로 맺힌 한이 눈 녹듯 사라지셨던지, 이후 어머니는 아버지 원망하는 말씀을 단 한 마디도 안 하셨어요."

무심한 지아비에게 선물 한 번 받아보지 못한 어머니를 위해 아들 스님은 여든셋 생신 때 금 목걸이며 팔찌를 사드렸다. 난생처음 받아보는 선물에 기뻐하는 어머니를 모시고 일가친척들이 사는 고향에도 다녀왔다. 어머니는 다녀와 보름 만에 세상을 떠났다. 새벽 세 시, 법당에 올리던 다기물을 준비하기 위해 일어나다가 침대 모서리에 앉은 채 돌아가셨다. 아들 스님은 사십구재를 지내며 뜨거운 사모곡을 올렸다.

… 대개 들으니 염불 삼매에 들어 일념으로 '나무아미타불'을 칭명하면 살아생전에 아미타불과 세 분의 크신 보살님의

영접을 받아 바로 극락세계 상품상에 태어난다고 하던데 과연 새벽부터 저녁까지, 저녁부터 밤중까지 한 생각 흐트러짐 없이 잠시도 쉬지 않고 염불하셨으니 능히 앉으신 채로 돌아가시는 것도 가하지 않으셨겠습니까. (…)

스님의 어머니는 아들 스님의 사모곡을 들으며 극락세계에 안착하셨을 것이다. 자식의 마음과 어머니의 마음은 둘이 아니니까.

살아갈 힘이
되어주는 존재

주경 스님(조계종 중앙종회 의장, 수덕사)

주경 스님은 어디서나 단순 명쾌한 분으로 통한다. 언제 무슨 일로 만나 뵈어도 '다음에 합시다, 한번 생각해봅시다' 하는 소리를 들어보지 못했다. 그 자리에서 '좋아요, 해봅시다, 지금 하지요'가 전부다. 다음은 없는 것처럼 '지금 여기'를 전부로 사는 수행자다.

가끔 수행의 궁극은 단순 명쾌하게 살고자 함이 아닐까 생각해보곤 한다. 그래서 스님을 뵐 때마다 정신이 번쩍 든다. 모습도 수덕사에 주석하셨던 경허 선사를 떠오르게 한다. 6척 장신에 가느스름한 눈매가 한국 선불교를 중흥시켰던 경허 선사와 꼭 닮았다. 경허 선사도 스님처럼 얘기하면서 자주 활짝 웃고 솔직 담백했는지는 잘 모르겠다.

이 단순 명쾌함의 뿌리는 어디에서 온 걸까.

"어떤 일을 두고 할 것인가 말 것인가, 할 거면 어떻게 할 것인가만을 생각합니다. 그래서 생기지 않은 일이나 가지 않을 길에 대해서는 거의 고민하지 않아요. 감당할 수 있는 일은 감당하면 되고 할 수 없는 일은 그쪽으로 가지 않으면 되니까요. 자기가 선택한 결정에 충실하면 삶에 만족할 수 있게 되죠. 본디 성격도 그러하지만 수행자로 살아오면서 이런 부분들이 더 섬세하게 다듬어진 것 같습니다."

역시 '지금'을 사는 수행자다운 답이었다.

출가도 단순했다. 지금 내가 가장 하고 싶은 것이 무엇인가 생각해보니 집을 나와 절에서 사는 일이었다. 나중에 이것보다 더 좋은 게 있으면 어떻게 하나 하는 생각도 들었으나 그것은 '지금'의 일이 아니었다. 대학 졸업식을 마치고 2주 동안 집에서 지내며 짐 정리를 했다. 입던 옷도 빨래해 정리했다. 그리고 부모님께 출가하겠다고 말씀드렸다. 어머니가 먼저 말씀하셨다.

"내가 이럴 줄 알았다. 네가 선택한 길이니까 가서 잘 살아라."

어머니와 달리 아버지는 출가할 거면 호적을 파서 나가라며 아들의 결정을 선뜻 받아들이지 못했다. 그러나 아들의 뜻이 견고함을 모르는 바 아니었기에 곧 마음을 누그러뜨리며 말씀하셨다.

"언제든 돌아오고 싶으면 다시 와라."

"다시 돌아오지 않을 겁니다. 가겠습니다."

눈가에 눈물이 그렁그렁한 어머니를 뒤로하고 돌아서는데 어머니의 눈물 떨어지는 소리가 가슴으로 스며들었다.

어머니는 결연히 집을 나가는 아들을 보며 붙든다고 눌러 앉을 자식이 아니라는 걸 누구보다 잘 알았다. 다섯 아들 중 셋째 아들이 고등학교에 가더니 제 작은형을 따라 도선사 불교학생회에 들어갔다. 수험생이 되기 전까지 2년 동안 한 주도 빠지지 않고 성실히 법회에 나갔다. 법회가 즐거운 듯했다. 돌아오는 데 보면 얼굴이 언제나 환했다. 부처님의 가르침으로 점점 내면이 성장해가는 모습을 보인 아들이었다.

고 3 시절, 아들이 어느 날 툭 한 마디 던졌다.

"엄마, 나 졸업하면 가출할 거예요."

"왜?"

"혼자 독립적으로 살고 싶어서요."

"뭐 하고 살 거니, 혼자?"

"절에 가거나 취직하거나 둘 중 선택할 건데 아직은 취직하고 싶은 생각이 더 많아요."

어머니는 저 애가 말은 저래도 출가를 택할 것이다 생각했다. 아니나 다를까. 공고를 졸업했는데도 동국대학교 불교학과에 들어가더니 불교학생회장, 대학생불교연합회 전국부회장, 서울 지부장 등을 맡으면서 적극적으로 활동했다. 불교 공부도 너무 재미있다고 했다. 남들은 재학 중에 군대에 가는데 학교 다니는 지금이 너무 좋아서 나중에 가겠다고 했다. 잠시 가출은 접어둔 것 같았지만 언젠가 절로 가출할 것 같은 느낌은 여전했다.

그러던 차에 대학을 졸업하고 바로 출가하겠다고 나선 것이다. 아들 다섯 중 가장 진취적인 자식이었다. 시장에서 가게를 하는 부모를 도와 일도 많이 했다. 무엇이든 알아서 잘하는 명석한 아들이 가버리면 어쩌나, 집안을 일으키면 좋을 텐데, 하는 생각을 안 할 수 없었다. 자식의 진지한 선택에 손을 들어주었지만 다시 돌아오길 바라는 미련을 접지 못했다.

"그때까지만 해도 어머니는 제가 다시 돌아올 거란 미련이 있으셨어요. 친구들도 제가 워낙 활동적이었기 때문에 출가 생활을 몇 년 정도 거쳐 가는 과정으로 생각했다고 해요. 저도 하고 싶은 일이 너무 많아서 3년에서 5년 정도 있다가 나갈 생각을 했고요."

"그런데 왜 돌아가지 않으셨어요?"

"와서 살아보니 다른 길을 가야겠다는 생각이 안 들더라고요."

"불교의 어떤 것에 매료되어 출가하셨어요?"

"고등학교 때 불교학생회 지도법사 스님의 모습을 보면서 나도 저렇게 살아봤으면 하는 마음이 들었어요. 학식도 높고 매사 열정적이고 법문도 귀에 쏙쏙 들어오게 잘하셨어요. 남자로서 가볼 만한 길이라는 생각을 했죠.《열반경》을 읽어보라고 주셨는데, 부처님이 굉장히 인간적인 모습으로 다가오더라고요. 황금빛 옷을 입고 멀리 앉아 있는 신적 존재가 아니라, 피곤해하기도 하고 아프기도 한 노스님으로 비쳐졌어요. 보통의 출가수행자라는 느낌이 드니까 나도 부처님과 같은 삶을 살 수 있지 않을까 생각했죠. 그 부분이 출가에 대한 가장 큰 확신이었던 것 같아요. 너무 먼 거리에 있는 불가능한 것에 도전하고 싶은 생각은 없었거든요."

출가하겠다는 아들의 뜻을 존중해주었지만 속으로는 다시 돌아오길 바랐던 어머니가 미련을 완전히 접은 것은 해인승가대학에 다니고 있을 때였다. 수덕사로 출가한 아들에게 가끔 연락을 하면서 '한 3년 살았으니 나와도 되지 않느냐'고 넌지시 물어왔다. 친척 중에도 출가한 지 5년 만에 나온 사람이 있다고 했다. 셋째 며느리 얻고 싶은 희망을 포기하지 못하고 있다는 어머니 말씀에 아들 스님은 출가 5년째 되던 해에 안부 전화를 끊었다. 그랬더니 전국 사찰마다 전화를 해서 아들이 해인사 강원에 들어간 것을 알아내곤 다른 아들들과 함께 찾아왔다. 아들 스님은 가족들을 데리고 공양간으로 가서 밥 한 끼를 대접했다. 다행히 그날따라 두부조림에 표고버섯볶음까지 반찬이 풍성했다. 그런데 어머니의 눈에서 눈물이 뚝뚝 떨어지는 게 아닌가.

"아니, 어머니 왜 우세요?"

"아들을 대학까지 졸업시켜 출가시켜놨는데 멸치 대가리 하나 없이 이런 풀만 먹고 사는 것을 보고 엄마 속이 편하겠니?"

아들 스님은 이때다 싶어 어머니께 쐐기를 박았다.

"제게 오늘 이 반찬은 고기보다 더 좋은 반찬입니다. 더 이상 제게 집으로 돌아오라는 말씀을 안 하시겠다고 약속하시면 앞으로 연락도 드리고 찾아도 뵙겠습니다."

어머니는 그 뒤로 돌아오라는 말씀은 더 이상 하지 않았다. 출가생활을 존중해주었고 가족 모두 신심이 두터워지는 데 일조하셨다. 출가하려면 호적을 파가지고 나가라던 아버지가 법당에 들어와 절을 하고 어른 스님들에게 인사를 드릴 만큼 신심이 깊어진 것도 어머니의 힘이었다.

30대 후반, 서산 부석사 주지를 할 때다. 어머니는 아들이 주지를 하니 마음 놓고 며칠씩 묵다 가시곤 했다. 신도들이 주지 스님 어머니를 깍듯이 대하는 것까지는 좋았는데 이런저런 말을 전했던 모양이다. 어머니가 절 일에 간여하기 시작했다. 그냥 들어줄 스님이 아니었다.

"신도로 오려면 절에 오시고 주지 어머니로 계시면서 잔소리하실 거면 다른 절에 다니세요. 더 이상 절 일에 간여하시면 제가 주지 내놓고 나가겠습니다."

어머니는 자식의 뜻을 헤아리는 현명한 분이었다. 그 뒤론 다시 그런 일이 없었다. 절에 오면 마루를 걸레질하고 빗자루

들고 마당을 쓰는 게 전부였다. 신도들이 '우리 스님이 바르게 살아주어서 너무 고맙다'며 존경하는 모습을 보고는 더욱더 하심할 뿐이었다.

며느리 하나 얻지 못한 것 말고는 무엇 하나 부족한 것 없이 수행자가 된 아들에 만족하던 어머니였으나, 10년 전 아들 스님이 암 수술을 받았을 때는 망연자실하여 슬픔을 감추지 못했다. 혼자 사는 사람이 몸이 아파서 어떻게 하냐면서 연일 눈물을 훔치셨다. 몸에 좋은 것들을 싸가지고 와서 먹였다.

자식이 아플 때 자식보다 더 마음 아픈 존재가 어머니다. 할 수만 있다면 자식을 위해 목숨을 열 개라도 내놓을 수 있다. 한창 나이의 아들이 병고를 만났으니 어머니로서는 하늘이 무너져 내리는 듯했을 것이다.

"그때 적어도 부모님보다 먼저 죽으면 안 되겠다고 결심했죠. 몸이 아파도 이렇게 걱정이 태산인데 먼저 죽으면 부모님 가슴이 얼마나 아프실까 생각하니 치료에 더 전념하게 되고, 회복하고 나서도 건강관리를 더 잘하게 되더라고요."

나이 쉰 살에 맞은 암의 발병은 출가 인생에 새롭게 발심하는 큰 계기가 되었다. 수술을 마치고 회복하면서 필요하지 않은 물건들을 정리했다. 옷 몇 벌 남겨놓고 다 정리하는 아들에게 어머니가 물었다.

"스님, 왜 그렇게 다 치우십니까?"

"죽었다 다시 살아났으니까 잡다하게 쌓아놓았던 것 다 정리하고 새롭게 살려고 합니다."

짐을 정리하는 아들 스님을 가만히 바라보며 가슴을 쓸어내렸던 어머니는 구순이 가까운 지금도 1년에 한두 번 아들 스님을 찾아와 건강을 챙겨주고 돌아가신다.

"부모님의 뜻을 어기고 출가했고 또 어머니가 지켜보고 계신데 잘 살아야죠."

곁에 계신 것만으로도 든든하고 살아갈 힘이 되어주는 어머니의 존재는 승속이 따로 없는 것 같다.

키우고 가르쳐주신
노스님이 내 어머니

혜총 스님(전 조계종 포교원장, 부산 감로사)

혜총 스님에게는 어머니가 두 분 있다. 낳아주신 어머니와 출가자로 키워 준 자운 율사(1911~1992)가 그분들이다. 자운 스님은 한국불교 계맥의 중흥조로 일컬어진다. 1960년대에서 1990년대 초반에 출가한 조계종 출가자 가운데 스님에게 계를 받지 않은 사람이 드물 정도다. 종단의 전계대화상을 지내며 계단을 정비해 계율에 기반한 수행풍토를 확립시킨 뛰어난 수행자다.

마냥 뛰어놀 나이인 초등학교 4학년 어린 소년이 어머니의 손을 잡고 통도사로 들어왔다. 속가에 살면 서른을 넘기기 어려우니 절에 들어가 사는 것이 좋겠다는 한 스님의 말씀을 듣고 어머니가 아들을 데리고 자운 스님에게 간 것이다. 사정을 들은 스님이 절에 살면 명을 때우는 것은 문제없다고 하면서 어린 소년에게 잘 살 수 있겠느냐고 물었다. 어려서부터 어머니를 따라 절에 다니면서 은은하게 들리던 염불 소리며 스님들이 푸근하게 느껴졌던 터라 잘 살 수 있다고 대답했다.

시원찮은 자식이지만 잘 길러서 단명을 면하게 해달라고 신신당부하며 어머니는 집으로 돌아가셨다. 경상도 충무 출신으로 불심이 강했던 어머니는 '원만성'이라는 불명처럼 성품도 원만하고 쾌활했다. 부산에서 포목가게를 경영할 만큼 생활력도 강했다. 그 후로 3년 정도 절에 찾아오셨지만 속가와의 인연을 끊는 것이 출가생활이라는 자운 스님의 가르침에 따라 자연스레 멀어졌다. 그리고 자운 스님이 어머니 역할을 대신했다. 당시 자운 스님은 통도사 한주로 있었다.

어머니가 떠나고 저녁나절이 되자 자운 스님은 3000배 참회의 절을 하라고 하셨다. 소년은 눈을 동그랗게 뜨고 물었다.

"스님, 제가 무슨 죄를 지었다고 3000배를 하라고 하세요?"

"절을 하면 큰 복을 짓게 되어 앞으로 큰사람이 될 거야."

큰사람이 된다는 말에 솔깃해서 밤새 절을 했다. 통도사 큰법당(적멸보궁)에서 땀을 흠씬 흘리며 홀로 절을 하는 동안 스님이 문밖에서 몇 번 들여다보시는 것이 느껴졌다. 아홉 시간이 걸린 3000배는 새벽 예불 전에 끝이 났다. 그날 아침, 자운 스님이 가사 장삼을 입혀주시고는 수계를 해주셨다. 소년이 즐거운 표정으로 말했다.

"저는 스님이 되러 온 게 아니고 명을 때우겠다고 왔는데 스님이 되었네요? 어렸을 때도 절에 가면 고향에 온 것 같고 법당 부처님도 좋고 염불하시는 스님네들도 좋았는데, 이렇게 스님이 되니까 기분이 좋아요."

1953년 음력 4월 15일이었다. 어느덧 70년이 흘러 여든 살이 된 혜총 스님은 그날의 일을 이렇게 회고했다.

"하룻밤 사이에 스님이 되어 자운 큰스님을 시봉하게 된 거예요. 큰스님의 맏상좌인 보경 스님을 제 은사로 삼게 하셔서 그날부터 큰스님은 제게 노스님이 되었죠. 편안한 할아버지처럼 친근하게 느껴졌어요. 수계하고 난 뒤에 큰스님과 손가락을 걸며 여든 살까지만 사시라고, 그때까지 제가 모시겠다고 했어요. '그래, 고맙다' 하면서 웃으셨는데, 묘하게도 딱 약속처럼 되었어요, 여든 넘어 돌아가실 때까지 제가 시봉을 했으니까요."

마흔세 살의 율사 스님은 방금 수계한 명랑하고 싹싹한 열한 살의 사미에게 '광명진언', '발일체업장근본득생정토진언', '아미타불종자진언'을 써주면서 외우라고 했다. 진언을 외우고 나자 다음엔 《화엄경》 약찬게와 《천수경》을 외우게 했다. 노스님은 《천자문》을 가르치고 《초발심자경문》을 가르쳤다. 노스님이 선창을 하면 소년 사미가 후창을 했다. 그렇게 목소리가 닮기 시작했고, 《초발심자경문》을 배우면서는 봄볕에 새싹이 솟아나듯 신심이 올라왔다.

무엇보다 따뜻함으로 품어주시던 노스님께 부모님보다 더 깊은 정을 느꼈다. 노스님은 조어장부調御丈夫와 같은 분이었다. 상대방의 장점을 정확히 알아서 그 장점을 키워주고 사회에 이익이 되는 사람으로 만들었다. 그로 인해 많은 스님들이 불가의 인재로 거듭날 수 있었다. 반면에 그 사람의 잘못된 점은 대중공사를 통해서 타이르고 바꿔나가게 했다. 옷매무새, 걸음걸이 등 세밀한 부분부터 취침시간을 잘 지킬 것과 예불, 울력에 반드시 참석할 것 등 출가생활에 꼭 필요한 기초를 세밀하게 가르치셨다. 지적은 두 번 되풀이하지 않고 단 한 번으로 끝냈다. 40년 동안 모시면서 단 한 번도 노스님이 화내는 것을 보지 못했다.

자운 스님의 하루는 일거수일투족 모두가 부처님을 예경하는 모습 그대로였다. 하루 여섯 번 행하는 육시六時 예불을 하셨다. 하루에 한 때 점심만 드셨고, 평생 헌식을 거르지 않았다. 점심을 드실 때 밥과 찬을 떠서 물을 부어놓았다가 오후 4시가 되면 염불을 한 다음 헌식돌에 올려놓았다. 언제나 정확히 그 시간 그 자리에 계셨다. 새가 날아와 그 음식을 쪼아 먹고 개미들이 모여 잔치 벌이는 것을 보면서 어린 사미는 자비심이 무엇인지 배웠다. 그리고 출가란 자타가 불이不二라는 것, 모든 것이 하나임을 깨닫고 실천하는 길임을 깨달았다. 그러한 수행자의 장엄한 일상이 아름다움으로 다가와 가슴에 금빛으로 스며들었다.

노스님은 한 번 책을 보면 밤낮의 구분이 없을 정도로 열중했다. 공양 때와 울력할 때를 제외하곤 책만 보셨다. 어느 날 방 청소를 해드리다 보니 책상 위에《삼국지》와《수호지》가 놓여 있었다. 순 한문으로 된 원서였다. 아니 왜 스님이 불경을 안 읽고 중국 소설책을 읽으실까, 궁금해서 이유를 여쭈었다.

"애야, 나는 불법에만 지혜가 있는 줄 알았더니《삼국지》와《수호지》같은 책에도 세상살이에 대한 지혜가 다 들어 있구나."

마음속 깊이 제자가 묻고 마음속 깊이 스승이 대답했던 그날, 어린 사미는 성불한다고 하더라도 옛것을 떠나지 않고 출발한 그 자리로 환지본처還至本處 하는 것이 조사들의 수행임을 직감적으로 알았다.

어린 사미는《화엄경》을 읽는 노스님께 또 물었다.

"젊으셨을 때《화엄경》을 다 봐서 마치셨을 텐데 왜 또 그렇게 열심히 보십니까?"

"학인일 때《화엄경》을 보는 것과 지금《화엄경》을 보는 것이 다르구나."

진리는 예전이나 지금이나 같은 것인데 왜 다르게 느껴질까 의아해하는 어린 사미에게 마흔셋의 율사가 친절히 말해주었다.

"어릴 때 읽는 경과 성숙한 후에 보는 경의 의미가 다르다는 것을 나중에 알게 될 거야."

어린 사미는 훗날 알았다. 《화엄경》은 부처님의 뜻을 관조해볼 수 있는 경지에 이르러야 제대로 볼 수 있다는 것을. 그리고 그때 노스님이 자신의 뜻을 부처님의 뜻과 겨뤄보고 있었다는 것을. 그렇게 어린 사미는 노스님을 시봉하면서 하나하나 깨달아갔다. 그러는 동안 노스님의 음성과 걸음걸이를 닮아갔다. 그러자 주위에서 다들 '제2의 자운이 나왔다'고 했다.

"단명을 면하려고 절에 들어오셨는데 결정적으로 언제 진발심을 하셨나요?"

"자운 큰스님이 율사이셨잖아요. 자비로우셨지만 원리원칙대로 엄격하게 스파르타식으로 교육하셨어요. 큰스님께 《초발심자경문》을 배우고 나서 《사미율의》를 배울 때, 출가의 길이야말로 생사를 벗어날 수 있는 길이라는 것을 확고부동하게 알았죠. 생사를 해결해서 남에게 의지하지 않고 스스로 갈 수 있는 길을 찾아야 진정으로 행복한 삶을 살 수 있다는 것을 깨달았어요. 이미 단명을 면하는 것은 문제가 되지 않았죠."

그때가 고작 열두 살이었다니 어린 사미가 반듯하고도 품격 있는 수행자로 성장하길 바라며 자운 큰스님이 얼마나 정성을 기울였을지 짐작이 가고도 남는다.

"자운 스님을 시봉하면서 출가생활을 하는 것에 어머니도 만족하셨죠?"

"그렇죠. 자운 스님 곁에 있지 않았으면 중간에 빼갔을 거예요. 서른 살 때 서울에서 동국대학교에 다니고 있는데 찾아오셔서는 장가들어 가문을 이어야 하지 않겠느냐고 넌지시 물으셨어요. 제가 단호하게 지금 이 길이 좋다고 말했더니 두말 않고 가셨어요. 신심이 깊고 참선수행도 하셨으니까 출가의 길이 얼마나 수승한 길인지 아셨겠죠. 그러지 말라고 해도 가끔 자운 큰스님이랑 제 가사를 지어 오셔서 더러 좋은 가사를 얻어 입기도 했어요. 나를 낳아 길러서 부처님께 공양 올리셨으니 그 이상 더 큰 공양이 있겠습니까."

"열한 살에 출가하셔서 40여 년 동안 자운 큰스님을 모시고 출가자로 성장하셨으니까 자운 스님이 제2의 어머니라고 해도 과언이 아니죠?"

"제2의 어머니가 아니라 그냥 어머니이자 아버지이셨죠. 40년 동안 스님이 가시는 곳마다 따라다니면서 살았으니까요. 통도사, 표충사, 동화사, 해인사, 감로사, 서울 보국사와 보승사, 범어사에 사실 때 모시고 살았어요. 자운 큰스님을 40년 동안 모신 것이 승려생활의 처음이고 중간이고 끝입니다. 입적하시고 나서 어디 주지를 하고 포교원장 등 다른 일을 한 것은 여벌에 지나지 않습니다. 스님을 모신 걸로 제 승려생활은 갈무리된 거예요. 그만큼 스님을 존경했고, 제겐 스님이 바로 부처님이었죠."

"입적하셨을 때 무척 힘드셨겠습니다."

"입적하시기 전, 상심하면서 따라가고 싶어 하는 저에게 서방정토에 가서 기다리고 있을 테니 할 일 다 마치고 와서 그때 만나자고 하시더군요."

자운 노스님과의 만남과 출가에 대한 혜총 스님의 이야기는 마치 한 편의 성장 드라마를 보는 것 같았다. 지금도 여전히 자신을 부르는 곳에 달려가 자애로운 법문을 아끼지 않으며, 바른 신심으로 살아가기를 당부하는 혜총 스님에게 당대 최고의 율사이자 자비의 화신이었던 자운 스님의 모습이 그대로 담겨 있다. 여든을 넘기고도 재가불자들과 함께 하는 인도 등 성지순례에서의 스님은 신심이 깊고도 깊어 함께 간 사람들을 늘 감동시킨다. 자식이 부모의 그림자를 따라가는 것처럼 혜총 스님 또한 자운 스님 이상으로 세상의 훌륭한 어머니로 존재하고 있다는 느낌이 든다.

자비와 친절과 포용을 가르친
은사 스님

자광 스님(조계종 원로회의 의장, 용인 반야선원)

"우리 어머니는 제 은사 스님이세요."

어머니에 대해 여쭙자 세수 여든이 넘으신 자광 스님이 단박에 하신 말씀이다.

"어떤 의미에서 그럴까요?"

"모든 걸 가르쳐주셨죠. 모성애와 자비를 몸소 보이시고, 친절과 뭇 생명 포용하는 것을 가르쳐주신 분입니다."

어머니는 자비와 친절을 행하며 모든 것을 포용하는 존재라는 말씀인 듯했다. 모든 것을 가르치는 존재가 어머니라는 말씀을 들으니, 세상의 어머니들은 최상의 교육자임이 틀림없구나 하는 생각이 들었다.

"자비를 배웠다는 것은 어떤 의미인가요?"

"부처님은 중생을 편안하게 하기 위해 세상에 나오셨다고 하잖아요. 자식을 편안하게 해주는 존재가 어버이죠. 바르게 살도록 가르치고 남과 더불어 살 때 부닥침이 없도록 가르치는 존재가 부모입니다. 그런 의미에서 제 은사 스님은 제게 어머니셨습니다."

스님의 은사 스님은 대한불교조계종 총무원장을 지내신 손경산(1917~1979) 스님으로, 청정비구의 표상과 같은 수행자이다. 율사이자 선사로 정화불사에 헌신, 한국불교 정화의 기수 역할을 했으니, 오늘날 대한불교조계종이라는 큰 강물의 발원지라 할 수 있는 분이다. 또한 지금의 동국대학교를 종립대학으로 확립하는 초석을 마련한 분이기도 하다.

스님은 은사 스님을 열여덟 살에 만나 그분께 모든 걸 배우고 익혔다. 그러므로 은사 스님은 열여덟 살 이후의 어머니와 다름없다.

"자비의 화신이 어머니 아닙니까? 무엇이든 다 조건 없이 들어주잖아요. 어머니가 자식을 사랑하는 데 무슨 조건이 있어요? 자식이 어떤 일을 해도 다 이해하고 용서하잖아요. 또 바르게 가르치려고 회초리를 드는 것도 어머니죠. 회초리도 자비심이에요."

자식은 어머니의 생각을 그대로 닮는다. 그래서 훗날 어머니 모습 그대로 행동한다. 그걸 생각하면 어머니들은 인생을 보는 안목을 넓히기 위해 끊임없이 공부하고 수행하는 것이 필수일 것 같다.

3남 4녀 가운데 막내로 태어난 스님은 아홉 살에 어머니를 잃었다. 어머니의 사랑이 전부일 나이에 어머니를 잃는 것보다 더 큰 비극은 없을 것이다. 아버지는 이념의 희생물로 한국전쟁 당시 돌아가셨다. 어린 나이에 겪은 비극은 그것으로 끝이 아니었다. 한국전쟁 때 수많은 주검을 목격했다. 삶과 죽음의 문제에 접근하지 않을 수 없었던 극한의 환경이었다. 경찰관이었던 형님 밑에서 학교에 다니며 혼란스러운 시절을 보냈다. 어떻게 살아야 할지 답이 보이지 않았다. 철학 서적을 읽기 시작했다. 그러다 부처님의 가르침을 만났다. 도무지 미래에 대한 희망이 없어 보이던 그때 불교의 진리가 대단한 희망으로 다가왔다.

출가를 결심했다. 피할 길이 없어 보이던 생로병사의 문제를 해결하는 유일한 방법은 수행자가 되는 것이었다. 고등학교도 졸업하기 전에 지리산 화엄사로 들어가 머리를 깎았다. 숯 물을 들여 만든 광목옷을 입고 지리산의 혹독하게 추운 겨울을 났다. 부목, 채공, 공양주까지 안 해본 것 없이 골고루 하며 행자시절을 보냈다. 생명의 발전을 위한 과정이라 여기니 고달프다는 생각은 조금도 없었다.

그러다 제2의 어머니인 은사 스님을 만났다. 1959년 어느 봄날 조계사에서였다. 그날을 잊을 수 없다. 삼배를 올리고 수줍게 올려다본 은사 스님은 거룩한 성자의 모습 그대로였다.

선방 수좌로 불교정화를 위해 총무원의 교무부장을 겸임하고 있던 은사 스님은 자신을 시봉하기 위해 서울로 올라온 행자를 자세히 살피고는 고개를 끄덕였다. 마음에 들어 상좌로 받아들인다는 표시였다. 그날부터 아들이 부모님을 모시듯 은사 스님을 시봉했다.

은사 스님은 말할 수 없이 순진하고 겸손하셨다. 언제 어디서나 그 누구든 꾸밈없이 담백하게 대하셨다. 함부로 대하는 일은 꿈에서도 없던 분이다. 아랫사람에게조차 말을 놓은 적이 없었다. 행자인 상좌를 부를 때도 '거기, 행자 있어요?' 하고 불렀다. 그래서인지 자광 스님도 누구에게나 존댓말을 쓴다. 스님을 오래 뵈어왔지만 어느 누구에게도 반말하시는 모습을 보지 못했다.

은사 스님은 날마다 새벽예불을 마치고 나면《초발심자경문》을 가르쳤다. 사미계를 받기까지 10개월 동안 은사 스님 앞에 무릎을 꿇고 앉아 공부하면서 위대한 도인 원효 스님을 만났다. 그리고 은사 스님의 청정비구 정신을 뼛속 깊이 새겼다. 은사 스님께 글을 배우고 익히며 이런 도리대로 살아야 진정한 '사람'도 될 것이며 '부처'도 되겠다는 확신을 가졌다.

그 시절 지방에 계시던 큰스님들이 총무원으로 회의를 하러 오시면 스님이 물 심부름을 했다. 물을 가지고 들어가면 큰스님들이 우스갯소리를 하셨다.

"아이구 똑같네. 경산 스님 숨겨놓은 아들 왔네."

그러면 은사 스님이 화를 내는 듯한 얼굴로 아니라고 손을 내젓곤 했다. 각종 회의 때마다 다른 큰스님들은 유머로 긴장된 분위기를 부드럽게 만들기도 했는데, 은사 스님만은 말씀도 많지 않고 말주변도 없었다.

"스님은 군 포교를 하시면서 수많은 법회를 열고 설법을 해서 청년들을 감화시켰으니 말주변은 은사를 닮지 않은 것 같습니다."

"제 인생의 진로 위에는 늘 은사 스님이 계셨습니다. 고등학교를 채 졸업하지 못한 저를 수계한 뒤 다시 학교에 다니게 해서 졸업장을 받게 했어요. 해인 강원에서 경을 다 배우고 나면 대 논사가 되어 선방에 들어가 언어도단에 이르는 길을 뚫어야겠다고 다짐하며 경전 공부를 하고 있을 때 동국대학교에 들어가서 공부할 것을 명한 분도 은사 스님이셨어요. 그렇게 한 번 운명의 길을 바꾸었는데, 제대한 저를 불러 군승으로 다시 군대에 가라고 명하셨어요. 당신의 상좌를 군대에 한 번 더 보내야 군승제도를 확립하는 데 도움이 될 거라고 생각하신 겁니다. 은사의 뜻에 따라 운명이 달라졌지만 결국 은사의 뜻대로 산 것이 청정비구의 정신을 잃지 않고 출가의 길을 걸어온 원동력이 되었죠."

"아무리 스승의 명이라 해도 자신의 뜻을 접고 군대를 한 번 더 가는 것은 어려웠지 싶습니다."

"젊은 시절 조계사에서 포교활동을 할 때 주로 노인들이나 여성 불자들이 절에 오는 것을 보면서 포교 방법에 대한 고민을 많이 했어요. 차라리 군인들이 집단으로 모여 있는 곳에서 군 포교를 하는 것도 부처님의 빚을 갚는 데 도움이 되겠다 싶었습니다."

군법사의 경우 결혼이 합법적이었기 때문에 결혼하는 예가 많아지자 은사 스님은 염려를 담은 편지를 보내왔다.

"행동거지를 조심하며 살아야 한다. 내 계맥을 이어받아야 하지 않겠느냐?"

제자는 편지를 받고 청정비구의 상징으로 통했던 은사의 위상을 무너뜨리지 않기 위해 끝내 계율을 철저히 지키는 청정비구로 있다가 종단에 복귀했다. 대학원에서 계율을 공부하게 된 동기도 스승의 계맥을 잇기 위함이었다.

자광 스님은 불교 군승제도가 시행되자 군승 중위로 임관하여 25년 동안 군승으로 재직했다. 대한민국 군대 내 모든 군종업무를 총괄하는 국방부 군종감을 역임하고, 2012년에는 군종특별교구장으로서 논산훈련소 법당인 호국연무사 대작불사를 성공적으로 마무리했다. 제대 후, 2016년에는 반세기 전 동국대학교 이사장을 역임했던 은사 스님의 뒤를 이어 동국대학교 이사장을 지냈다.

군승으로 재직하는 동안 수계해준 장병이 4만 6000명, 장병을 상대로 한 법회와 설법이 4600회, 군승도 100여 명으로 늘려놓았고 수많은 군 사찰을 건립했다.

"군승은 반드시 어머니와 같은 모습으로 장병들을 대해야 합니다. 장병들이 절에 오면 국수 먹고 가라, 천천히 먹어라 하면서 어머니 같은 역할을 합니다. 배불리 먹이고 따뜻하게 입히는 것이 어머니 역할이잖아요. 법문과 상담, 인격지도 교육이 군승들이 하는 일이죠."

수많은 장병들의 자비로운 어머니 역할을 하신 스님이 요즘 어머니들에게 당부하고 싶은 말씀이 궁금했다.

"사람이 되게 교육해야 합니다. 물질만 공급할 줄 알고 정신교육을 하지 않으면 안 돼요. 밥상머리 교육은 물론 예절 교육, 이웃과 더불어 살아가는 교육을 해야 합니다. 요즘 아이들을 보면 더불어 사는 걸 하나도 배우지 못했어요. 어머니들이 제 자식만 감싸고 돈 결과죠."

"어머니와 같았던 은사 스님 하면 무엇이 가장 먼저 떠오르세요?"

"우리 스님은 통합종단 전후로 총무원장을 세 번이나 역임하셨으면서도 상좌들이 모여 당신의 제사를 지낼 만한 절 하나 없이 입적하셨어요. 종단에 계시는 동안 본사는 고사하고 말사 하나 상좌들에게 맡기지 않고 있을 때 은사 스님을 찾아간 적이 있어요. 문도들이 수십 명인데 우리 문중도 기댈 근거지는 있어야 하지 않겠느냐, 은사 스님도 노년에 머무실 만한 교구본사가 있어야 한다고 적극적으로 말씀드렸다가 얻어맞

다시피 쫓겨 나온 적이 있습니다. 끝까지 종단의 화합만을 가
슴에 품었던 분이죠."

여러모로 스님은 어머니인 은사 스님을 닮았다. 대찰을 마
다하고 용인에 반야선원을 지어 신도들을 맞으며 조촐히 지
내고 있는 것도, 화내는 모습을 보이지 않는 것도 꼭 은사 스
님 모습 그대로다. 입적하는 날까지 종단을 위해 애쓰셨던 은
사 스님처럼 여든이 넘은 연세에도 동국대학교 학술원장이라
는 현직에 있으면서 무심히 일하는 것도 닮았다.

어느 날 스님을 취재할 일이 있어 찾아뵈었다가 인터뷰를
끝내고 함께 차를 탄 적이 있다. 딸애의 혼사 문제로 생각이
많을 때였는데, 부모의 역할이 참 힘들다고 푸념하자 한 말씀
하셨다.

"그 어렵다는 한 생각이 문제를 어렵게 만드는 거예요."

나는 그날 스님의 말씀을 들으면서 다시 무명에서 깨어났
다. 정말 그렇지 않은가. 누가 어렵다고 했는가. 나 스스로 어
렵다는 생각에 갇혀 있었던 것이다. 내 마음을 바로 보고 깨어
있으면 되는 것인데, 자식 문제에 끼어들어 시시비비하고 있
었던 것이다.

그날 부모의 진정한 역할을 짚어주신 자광 스님의 말씀을
전해본다.

"옛날 우리가 어렸을 때는 애들이 잘못하면 어머니가 이렇

게 나무랐어요. '그런 짓 하면 못쓴다. 업보가 따른단다.' 업보가 무슨 말인지 몰랐지만 나쁘다는 것은 알았어요. 착한 끝은 있어도 악한 끝은 없다는 말씀도 듣고 자랐죠. 아침에 책가방을 들고 나가는 아이들에게 '남하고 싸우지 말고, 친구와 싸우더라도 네가 져주어야 한다'는 얘기를 수시로 듣고 자랐어요. 요즘 부모들은 친구와 싸우면 이겨야 한다고 하죠. 슬픈 현실입니다. 자식들에게 자기가 짓고 자기가 받는 거라는 걸 꼭 가르쳐야 합니다. 그리고 우리가 사는 세상이 더불어 사는 세상이라는 것, 그래서 지구상의 75억 인구가 모두 하나로 연결되어 있다는 것을 가르쳐야 합니다. 대지의 공기와 태양, 전 우주가 협조해야 내 입에 밥 한 숟갈이 들어온다는 걸 가르쳐야 합니다. 따뜻한 옷 입고 따뜻한 방에서 자는 것이 어찌 한 사람만의 힘이겠습니까.

서로 어울려 도우면서 살아가는 것이 연기법임을 생활 속에서 익히게 하는 것이 부모의 역할입니다. 그렇게 되면 걱정할 게 없습니다. 모두 자신이 행동한 대로 받는 것이기 때문에 착한 일 하지 못하는 걸 걱정할 뿐 다른 것은 걱정하지 않아도 돼요. 이웃과 다투면서 사는 것은 굉장히 못나고 초라한 행동입니다. 이웃과 더불어 사이좋게 도우면서 사는 게 얼마나 아름다운 일입니까.

연기법을 알면, 그래서 우리가 모두 한 뿌리임을 알면 잘났느니 못났느니, 옳으니 그르니 싸울 것이 없어요. 낫 놓고 기역 자를 모르는 무지렁이라도 바르게 살면 그게 진리입니다."

진리가 뭐 거창한 것이 아니라 바른말 하고 바르게 행동하며 사는 것이라는 스님의 말씀에 귀 기울이고 그대로 실천하면 좋은 사람, 좋은 부모가 될 것 같다. 어쩌면 좋은 사람이란 자신의 말과 행동에 깨어 있는 것이 전부인지도 모른다.

4장

참 좋은 인연

내 딸이니까
안 돼

자우 스님(비로자나국제선원)

　　자우 스님이 마흔 살에 서울 홍제동에 비로
자나국제선원을 열고 얼마 되지 않았을 때, 신도들과 성지순
례를 떠난 송광사에서의 일이다. 재래식 화장실에서 노보살
님 한 분이 스님을 불렀다.

　"스님?"

　"예."

　"무서워요!"

　이때 스님은 이런 생각이 들었다고 한다. '아, 스님이란 모
든 이들의 어머니와 같은 존재구나. 저렇듯 연만하신 분들이
자식 같은 나에게 무섭다며 의지할 수 있는 존재가 스님이구
나!' 스님은 가슴이 먹먹해지는 감동을 느꼈다. 그리고 자신
과 인연이 닿는 불자들이 마음 아프지 않고 살 수 있도록 돕겠

다는 서원을 더욱 견고히 했다.

스님은 지금도 길을 지나가다 누군가 자신에게 합장하면 어머니가 자식을 위해 기도하듯 두 손을 모으며 속으로 발원한다.

'혹시 어려운 일이 있으면 잘 풀리길. 그대가 평안하시길!'

뭇 생명 모두에게 어머니 역할을 하고 사는 스님은 어려운 처지의 사람들을 각별히 챙기시던 어머니를 그대로 닮았다.

스님은 강원도 영월의 작은 면 소재지에서 유년 시절을 보냈다. 대여섯 살이던 어느 봄날의 기억이다. 어머니는 밥을 얻으러 다니는 거지들을 보면 집으로 불러들였다. 거지들이 해지고 더러운 옷을 입고 있으면 '옷이 이게 뭐니' 하시면서 옷을 벗기고 아버지가 입던 옷을 입혔다. 그리고 마루에 상을 차려 따뜻한 밥을 먹였다. 옆에 앉아 '추운 겨울을 어떻게 지냈느냐'고 정겹게 묻는 어머니가 자랑스럽게 느껴졌다.

돌봐야 할 자식이 여섯에 시골에서 정미소를 하는 한편 밭농사까지 지은 어머니였다. 아무리 바빠도 어머니는 부모가 모심고 밭매러 나간 사이 혼자 놀다 흙투성이가 된 옆집 아이를 보면 데려다가 씻기고 밥을 먹여 보냈다.

셋째 딸 자우 스님은 어려서부터 유난히 마음결이 고왔다. 동네에 놀림받는 아이가 있었다. 그 아이는 지능이 낮은 데다 얼굴은 뱀처럼 생겨 동네에서 '뱀 부리'라 불렸다. 그 애의 부모가 뱀을 많이 잡아서 그렇게 태어났다고 동네 어른들이 말해주었다. 아무도 그 애와 놀아주지 않았다. 대여섯 살의 어린 나이에도 친구 하나 없는 저 애가 얼마나 속상할까 싶어 항상 그 애와 놀아주었다. 애들이 저런 애랑 논다고 놀려도 '얘가 어때서 저런담' 하고는 아랑곳하지 않았다.

"어려서부터 어디를 가든 화려한 사람보다는 수줍어하거나 외롭게 앉아 있는 사람이 먼저 눈에 띄어 그 사람 옆에 앉아 이야기하곤 했어요."

될성부른 나무는 떡잎부터 다르다던가. 타고난 수행자가 아닐 수 없다.

일곱 살 때 읍내로 이사 왔을 때도 어머니는 늘 바쁘셨다. 구멍가게를 하고 틈틈이 농사를 지어야 했던 어머니는 찬바람이 횡횡 부는 겨울밤이면 걱정스런 얼굴로 말씀하곤 했다.

"우리 집에 오던 아무개는 이 추운 겨울에 어디서 얼어 죽지나 않았는지 모르겠구나."

어머니 옆에 이불을 펴고 나란히 누워 있던 여섯 딸들도 '맞아, 그 사람 잘 있을까?' 걱정하며 잠들고는 했다. 항시 어려운 사람을 잘 돌봐야 자손이 잘되는 법이라고 이야기하던 다감한 성정의 어머니였다.

하루는 학교에 가기 전 아침상 자리에서 딸들에게 이렇게 말씀하셨다.

"어젯밤에 옆집에서 우는 소리가 들리기에 가봤더니 그 집

아들애가 부모님이 등록금을 안 주어서 중학교에 못 가게 되었다며 서럽게 울고 있더구나. 그래서 엄마가 줄 테니 걱정하지 말라고 하고 왔단다."

인정 많고 성실한 부모님 덕에 아이들도 건강하게 잘 자랐다. 면사무소 공무원이던 아버지도 어머니만큼이나 부지런하셨다. 새벽 일찍 일어나 밭일 먼저 한 뒤에 출근하셨고, 퇴근 후에도 논에 다녀와서야 저녁을 드셨다. 아이들도 학교에서 돌아와 엄마가 집에 안 계시면 으레 밭으로 가서 일을 돕는 게 집안의 불문율이었다. 휴일엔 식구 수대로 도시락을 싸서 버스를 타고 예전에 살던 시골집 근처 밭으로 가서 일했다. 아버지가 식구 수대로 밭에 늘어놓은 호미를 하나씩 집어 들고 딸들은 밭을 맸다. 밭매는 일과 하나가 되었던 무념무상의 시간이 길어진 날엔 버스가 끊기기도 했다. 그러면 식구들이 같이 노래를 부르며 먼 길을 걸어 집으로 돌아왔다. 밤하늘의 별들이 행복한 가족을 내려다볼 때쯤, 딸들이 소리치곤 했다.

"와, 저 별들 좀 봐. 아름답지 않아?"

언제나 하하, 호호 웃음소리가 그치지 않아 온 동네 사람들이 이 집을 부러워했다. 그런 가운데 아들이 태어나 6녀 1남이 되었다. 어머니는 바라고 바라던 아들을 얻고 기뻐하셨다. '3000배를 하면 부처님이 한번 돌아보신다고 하던데…'라던 어느 절 큰스님의 말씀을 듣고 3000배를 한 끝에 부처님오신날 아들을 낳았던 터라 신심이 한껏 깊어지셨다. 아침마다 두 시간 동안 '능엄주'와 '신묘장구대다라니' 등을 외우며 수행을 깊이 했다. 절 일도 도맡아 하셨다. 차를 몇 대씩 대절해서 성지순례 가는 데 앞장서기도 했다.

그런데 신심과 딸의 출가는 또 다른 문제였을까. 어느 날 셋째 딸이 출가에 대해 은근히 떠보자 어머니는 펄쩍 뛰셨다. 왜 안 되느냐고 물으니 어머니의 답은 간단했다.

"내 딸이니까 안 돼!"

신심이 워낙 깊으시니까 좋아할 수도 있겠다 싶었는데 어머니는 딸의 출가를 단호하게 반대했다. 도리가 없었다. 편지를 써놓고 집을 나왔다.

잔잔한 단막극과 같은 이야기를 듣고 스님께 물었다.

"웃음꽃이 만발하던 집에 정적이 감돌았겠네요. 다정다감한 환경에서 성장한 스님의 출가 동기가 궁금합니다."

"원주로 나와서 고등학교를 다녔어요. 미래에 대한 고민이 많았는데, 우연히 어느 절 고등부 법회에서 《반야심경》 강의를 듣고 불교에 매료되었어요. 수학과 과학을 좋아했는데 불교가 과학이라는 생각이 들었어요. 3년 내내 법회에 나갔고 대학에 들어갈 땐 물리학과를 선택했죠. 나름 불교를 과학적으로 증명해봐야겠다는 생각에서요."

그러다가 결정적으로 출가를 고민하게 된 것은 대학을 졸업하고 직장에 다니다가 잠시 쉴 때였다. 중학교 때부터 영어에 관심이 많아 연등국제회관에서 영어로 불교를 가르친다기에 찾아갔다. 공부도 하고 회관 일도 도와주며 지내고 있을 때 무진 스님이 출가를 권했다. 푸른 눈의 외국인 비구니 스님이었다. 싫다고 했다. 맨날 똑같은 옷, 똑같은 머리 스타일의 그 재미없는 스님 생활은 꿈도 꿔보지 않았다. 자연의 섭리대로 결혼할 거라고 했더니, 무진 스님이 직격탄을 날렸다.

"결혼은 바보나 하는 거야. 너는 바보가 아닌데 왜 결혼을 하려고 해?"

충격이었다. 공부를 마치면 취직하고 좋은 사람 만나서 결혼하는 것이 자연의 섭리라 여겼다. 무진 스님은 모든 것은 변한다면서 영원한 사랑은 결코 없다고 했다.

"출가는 작은 가족을 버리고 큰 가족을 선택하는 거야."

주변 사람들이 사는 모습을 눈여겨보기 시작했다. 아침마다 집 앞에서 연인을 기다리다 꽃을 선물하며 사랑한다고 고백하던 남자도 결혼하고 나더니 바로 싸우기 시작했다. 학교를 함께 다녔던 남학생들도 떠올려보았다. 인생을 함께할 지혜로운 남자는 없어 보였다.

과연 결혼은 도박이라는 생각이 들 즈음이었다. '지혜로운 자를 만나지 못하면 무소의 뿔처럼 혼자서 가라'는 《법구경》의 구절이 눈에 쏙 들어왔다. 청주 안심사에서 매일 2000배씩 하면서 《지장경》을 읽다가 드디어 결심했다.

"지장보살님이 지옥의 중생들을 보고 저들의 고통을 내가 받을 테니 저들을 잠시라도 쉬게 해달라고 기도하는 구절을 읽으며 눈물이 하염없이 쏟아졌어요. 과연 인간으로서 할 수 있는 생각인가, 출가가 이런 길이라면 가치 있는 길이겠다 생각해 출가를 결심했죠."

집으로 돌아와 울산 석남사로 출가한다는 편지를 써놓고 집을 나왔다. 사흘 만에 큰언니가 석남사로 찾아왔다. 그토록 강인했던 어머니가 식음을 전폐하고 누워 있다고 했다. 딸이 산으로 갔기에 산은 쳐다보기도 싫다며 울고 계시다고 했다. 어머니가 돌아가시게 생겼다는 말을 듣고 마음이 약해졌다. 어머니를 안심시키는 것이 우선이었다.

고향 집으로 갔더니 어머니는 죽은 자식이 살아 온 것처럼 좋아하셨다. 혹여 자신이 잘해주지 못해 집을 나간 것이 아닌가 싶었던 어머니는 딸에게 값비싼 옷을 사주셨다. 운전면허증을 따라며 학원에 등록도 해주셨다. 어머니가 여한이 없도록 주시는 것을 다 받았다. 행복해하는 어머니 곁에서 한 달을 보내고 서울로 가서 취직하겠다며 언니와 동생들이 살고 있던 서울 집으로 갔다.

언니 동생들의 감시가 소홀한 틈을 타 일주일 만에 집을 나와 은해사 백흥암으로 갔다. 다행히 행자생활이 끝나고 수계를 할 때까지 식구들이 찾아오지 않았다. 훗날 어머니에게 여쭈니 '출가한 자식을 잡아놨는데도 다시 출가한 것을 보니 아이고 팔자인가 보다 했다'고 하셨다. 아버지에게 '당신이 절에 다녀서 아이가 출가했다'며 원망을 받았던 어머니는 딸이 수계를 하자 모든 것을 수용하셨다. 원하는 바대로 갖는 것이 아니라 있는 바 그대로를 감사함으로 수용하는 것이 지혜롭게 사는 인생임을 아신 어머니였다. 자식의 출가와 함께 당연히 기도도 수행도 깊어졌다.

"아침 기도 때마다 제가 훌륭한 스님이 되기를 발원하고 있다는 말을 어머니께 들었죠. 중생을 위해서 기도하는 사람이 스님인데, 그 스님들을 위해서 기도하시는 분이 어머니시구나 하고 생각하니 가슴이 뭉클했어요."

올해 여든두 살이신 어머니는 얼마 전까지 자우 스님이 진행하던 라디오 불교방송을 들으셨다. 아침 일곱 시부터 아홉 시까지 진행되던 방송을 들으며, 농사를 지으면서 느끼는 산천의 아름다운 소식을 댓글로 전했다. 딸 스님은 영월의 꽃 피고 뻐꾹새 우는 고향 소식을 시청자들에게 전했다. 항상 일기를 쓰면서 갈고닦았던 어머니의 빼어난 글솜씨가 딸 스님의 방송에서 빛을 발했고, 시청자들은 감동으로 어머니 김옥녀 여사의 마음을 읽었다.

스님의 어머니는 이제 딸 스님을 위해 기도하지 않는다. 수많은 사람들을 위해 기도하고 어려운 사람들을 돕는 일에 지침이 없는 딸 스님이 어머니 눈에는 이미 지장보살이고 관세음보살이기 때문이다.

최근 스님이 자신의 출가 이야기를 담은 책 한 권을 보내주셨다. 스님 모습만큼이나 소박하고 아름다운 이야기를 다 읽고 나자 잘 살아야겠다는 생각이 절로 들었다. 스님이 살아온 여정을 솔직담백하게 말씀했을 뿐인데 마음이 고요해지고 평화로워졌다.

　'그래, 사람은 이렇게 맑게 살아야지!'

　거울처럼 다가와 나 자신을 비춰보게 했던 그 책엔 눈가에 깊이 배어 있는 스님의 미소와 진실한 음성, 중생을 향한 친절한 걸음걸음이 고통에 빠져 있는 중생들을 모두 구제할 때까지 성불을 미루겠다던 지장보살의 모습으로 나투고 있었다. 서울로 유학을 온 비구니 스님들이 마땅히 머물 곳이 없어 고생하는 것을 보고 기숙사를 마련하기 위해 동분서주하는 모습이나, 열악한 환경으로 학교에 다니지 못하는 먼 나라(캄보디아) 어린이들을 위해 학교 짓는 일에 앞장선 스님의 모습은 저 옛날, 스님의 어머니가 어려운 이웃을 돌보느라 종종걸음을 마다하지 않았던 모습과 다름없어 보였다. 모전여전의 아름다운 모습에 가슴이 따뜻해져왔다.

부디, 사바세계로는
돌아오지 마세요

무여 스님(고양 보리선원 주지)

무여 스님은 불교계에서 알아주는 유튜버다. 3년 전 '무여 스님과 함께 하는 사찰여행'이라는 인터넷 개인 방송을 개설해 120여 개 사찰 기행 영상을 올렸다. 어느덧 구독자 수 3만 명을 넘겼다. 가히 인기 유튜버라 할 수 있다. 큰 키에 뚜렷한 이목구비, 생글생글 웃는 모습이 화사한 관세음보살의 화현 같다. 최근에 KBS 〈인간극장〉에도 등장했으니 더 유명세를 타지 않을까 싶다. 유튜브 제작, 대학원 강의와 사찰의 불교대학 강의, 포교원 개원까지 앞둔 바쁜 일상의 스님에겐 이 모두가 중생교화의 길이다. 그대로가 삶 자체여서 다 소중하고 재미있다. 행복하다.

무여 스님은 열아홉 살에 출가했다. 한 달여 정도 주변을 정리하며 집 떠날 채비를 하는 딸에게 어머니가 물었다.

"어떤 생각으로 출가할 마음을 먹었니?"

"불이 뜨거운 줄 알면 불타는 그 속으로 들어가지 않는 것이 현명하다고 생각해요."

온갖 생명들이 섞여 사는 사바세계가 어쩌면 타는 불 속보다 더 뜨거운 세계인지도 모른다. 그런데 어찌 그것을 어린 소녀가 간파할 수 있었을까. 전생의 일임을 알았을까, 어머니는 붙들지 않았다. 딸이 출가의 길을 잘 갈 것이라 확신했다. 어려서부터 자신이 한 번 결심한 일은 중간에 포기하는 법 없이 끝을 보았다. 집중력이 강하고 공부도 잘했다. 아버지는 대학이라도 졸업하고 가라며 붙들었다.

"대학에 가서 4년 동안 이런저런 경험을 하면서 나쁜 습관(업)을 가지게 되면 다시 그것을 닦는 데 시간이 많이 걸려요. 시간을 허비하고 싶지 않아요. 출가해서도 배울 기회는 많을 거고요."

밤새 3000배를 올리고 집을 나서는 딸을 보며 아버지는 눈물을 흘렸다. 출가한 뒤에도 다시 돌아오기를 기다리며 1년 동안은 현관문을 잠그지 않았다. 그리고 가끔 생각에 잠겨 울곤 했다. 외할머니는 불자임에도 불구하고 자식을 머리 깎여 출가시켰다며 딸을 한참이나 보지 않았다. 친할머니는 세상 사람이 다 스님이 되어도 내 손주가 스님이 되는 것은 원치 않는다며 며느리를 원망했다. 도저히 포기가 안 되었던 친할머니가 급한 마음에 어디 가서 물으니, '이 사람은 큰스님 될 사람이니 뒷바라지나 잘 하라'는 소리를 듣고는 복채로 거금을 주고 나왔다고 한다.

이렇듯 모든 식구들이 마음 아파 했지만 어머니는 강했다. 기왕에 출가했으니 그곳에서 멋지게 살기를 기도했다. 산다는 게 어디서나 힘든 일이지만 '상구보리 하화중생'을 서원하고 들어간 승가에서의 삶은 사바세계의 고통과는 결이 다르리라 생각했다. 부디 돌아오지 않기를 기도했다. 그리고 결심했다. 승가가 발전할 수 있는 일이라면 목숨을 걸고서라도 후원하겠다고.

어머니 자신도 출가를 꿈꾼 적이 있었다. 아기 때부터 울고 보채다가도 어머니가 절에만 데려가면 좋아해서 스님들의 사랑을 독차지했다. 착하게 살라는 것이 불교인 줄 알고 불심 강한 어머니를 따라 절에 다녔다. 그러다가 20대 때 도서관에서 우연히 빌려 본 《화엄경과 우주의 생명진리》라는 책을 통해 불교가 진리를 깨닫는 종교임을 알게 되었다. 진리를 알고 싶었다. 태안사에 계시던 청화 큰스님을 찾아뵙고 출가의 뜻을 말씀드렸다. 스님은 자비로운 미소를 지으며 친절하게 말씀해주셨다.

"전생에 출가자였지만 금생에는 재가자로 역할을 바꾸어 사는 경우가 많습니다. 보살님은 출가하지 않아도 재가자로서 할 일이 많을 겁니다."

당시는 출가를 권하지 않았던 큰스님이 서운했다. 그러나 날이 갈수록 큰스님의 말씀이 새록새록 생각났다. 결혼을 하고 서울의 능인선원 불교대학에 다니면서 열심히 공부했다. 1년 과정의 교리 공부에 한 번도 빠지지 않았다. 한창 신심이 고조되었을 때 첫아이가 찾아왔다. 내게 오는 생명이 만인에게 존경받고 빛이 되는 삶을 사는 사람이 되었으면 하고 간절히 기도했다. 관세음보살 사진을 벽에 붙여놓고 '관세음보살'을 부르는 사이에 아이가 태어났다. 날마다 보았던 사진 속의 관세음보살과 닮은 아이였다. 아이가 얼마나 예쁘던지 간호사들이 모두 놀랐다.

까까머리 동자승 같은 모습으로 왔던 아이는 순하고 착하게 잘 자랐다. 집중력이 뛰어났다. 물론 공부도 잘했다. 한창 멋 부리기 좋아할 사춘기 때에도 옷을 사거나 먹는 것에 흥미를 보이지 않았다. 중학생이 되자 어머니는 경전을 읽어주며 부처님의 가르침대로 살아야 한다고 말해주었다. 초롱초롱한 눈을 동그랗게 뜨고 흥미롭게 이야기를 듣는 아이에게 물었다.

"너, 이거 알아듣니?"

"다 알아듣지는 못하지만 마음속에 환희심이 일어나요."

아이는 매일 '지장보살'을 부르며 종이에 적었다. 그리고 발원했다.

"무상대도를 성취하고 무량중생을 제도하겠습니다."

어린 나이에 상구보리 하화중생을 꿈꾸던 평범하지 않은 아이를 데리고 길상사에 다녔다. 엄마가 선원에서 참선하고 봉사를 하는 동안 아이는 수련회에도 참석하고 스님들의 법문도 들었다. 어린 나이에도 법정 스님의 책을 비롯해 불교 책을 보고 법문 듣는 것을 지루해하지 않았다. 절에 가면 제 집에 온 것처럼 편안해했다. 점점 출가를 염두에 두고 있는 것 같았다. 출가해서 수행을 하면 뭐든지 다 할 수 있고 자유롭다는 길상사 스님들의 말씀이 귀에 쏙 들어왔다고 했다. 《금강경》을 읽는 고등학생 딸에게 친구들이 왜 한문책을 읽느냐고 물었다. 딸은 한문으로 되어 있는 어려운 내용인데도 재미있어했다.

그러는 사이 어머니 자신의 불심도 깊어졌다. 청화 큰스님을 찾아가 실상법문을 들으면서 삶과 죽음에 대한 안목을 넓혔다. 한마음선원에 가서 대행 스님의 법문을 들으며 마음의 지평이 넓어짐을 느꼈다. 재가자들도 아침저녁으로 30분씩 좌선을 해야 한다는 청화 큰스님의 가르침 덕분에 좌선이 일상화되었다. 새벽예불 때는 울컥울컥 간절하게 신심이 올라오곤 했다. 그럴 때마다 전생에도 이러했겠구나 생각했다.

두 딸들은 잘 커갔다. 그리고 어느 날 드디어 큰딸이 출가를 선언하고 집을 나갔다.

딸은 행자생활을 하는 동안 한두 번 집에 들렀다. 말하지 않아도 힘든 게 눈에 들어왔다. 손등이 터져 피가 맺힌 것이 보였다. 고생스럽냐고 물으면 괜찮다며 하룻밤 머물고는 새벽에 돌아갔다. 마음이 아팠지만 그 이후 출가자 생활에 대해 묻지 않았다. 잘 이겨내며 제 길을 갈 것이라 믿었다. 강원을 졸업할 때 오라고 해서 가보니 교육원장 상을 받는 모습을 보여주었다. 그 상은 함께 생활한 동료 스님들이 추천해주어야 받는다고 했다. 자랑스러웠다. 딸 스님은 출가해도 배움의 기회는 많을 거라던 자신의 말대로 대학과 대학원 박사과정을 수료하면서 하루하루를 치열하게 살았다.

뜨거운 사바세계로 들어가지 않고 출가를 감행한 지 어느덧 23년 차인 무여 스님께 물었다.

"행복하시죠?"

스님이 또랑또랑한 목소리로 금방 대답했다.

"그럼요! 100프로!"

요즘 더 행복하다는 스님께 다시 물었다.

"행복이 뭐죠?"

"힘들고 어려운 처지가 되어도 그걸 남 탓으로 돌리지 않고 언젠가 지나갈 일이라 생각하고 또 나에게 잘못이 없나 관조하는 것이 불교예요. 제가 불교를 만나 행복한 이유가 바로 이거예요. 남 탓을 전혀 하지 않아요! 모든 것은 제 자신으로부터 나왔거든요. 남 탓을 하지 않고 자신을 관조하면서 살면, 행복한 일이 많아서 행복한 게 아니고 어떠한 상황과 처지에 있어도 행복해요."

"자신의 현재를 긍정적으로 수용할 때 행복하겠군요?"

"그럼요! 저는 100프로 현재를 수용하고 삽니다!"

젊은 무여 스님께 세상의 어머니들이 자식을 어떻게 키우면 좋을까를 물었다.

"불성을 가지고 있는 소중한 인격체로 자식을 대하면 좋겠어요. 정말 자식을 위한다면 자식이 내 뜻대로 따라주기를 바라지 말고, 그들이 좋아하는 것이나 재능을 잘 살펴서 자식이 원하는 길을 잘 갈 수 있도록 한 발자국 떨어져서 지켜봐주는 것이 부모님의 역할이라 생각해요. 부모님들이 수행을 하게 되면 삶에 대한 태도가 바뀌게 돼요. 그러면 자식을 키우는 자세가 바뀌고 자식이 행복해지겠죠. 행복하지 않은 부모님 밑에서 행복한 자식이 나올 수 없다고 생각합니다."

스님의 어머니 은현순(금강심) 여사는 하루 두 시간 수행자처럼 정진한다. 새벽 다섯 시에 일어나 목욕재계하고 아침 예불을 올린다. 광명진언과 츰부다라니 108독을 한 다음 좌선을 한다. 저녁에 일을 끝내고 돌아온 뒤에도 정확히 여덟 시 반이면 108배를 한다. 《화엄경》 약찬게와 《법성게》를 읽고 츰부다라니 108독을 한다. 그리고 20년째 같은 자리에서 옷 수선 가게를 하고 있다. 바느질이 꼼꼼해서 단골도 많다. 일하는 게 너무 재미있다. 내 손으로 돈 벌어 필요한 데 쓸 수 있으니 오래 일하려고 한다. 선하고 건강한 남편은 곁에서 세탁소를 운영하고, 언니가 출가할 때 서운해서 많이 울었던 작은딸은 자식 낳고 잘 산다. 무엇보다 출가한 딸 스님이 씩씩하게 잘 살고 있으니 세상 부러울 것 없이 행복하다.

　아무래도 무여 스님이 완벽하게 행복한 이유는 어머니가 이렇듯 행복하기 때문인 것 같다. 세상의 어머니들이여, 자식이 행복하길 원하면 자신부터 행복하시라! 행복하지 않다면 지금 여기의 현재 상황을 적극 수용해보시길! 그리하여 감사함으로 기도하시길! 그래도 행복하지 않으면 티 없이 맑고 환한 관세음보살의 모습으로 전국 방방곡곡 사찰을 기행하며 '행복은 지금 이 자리에 이미 이렇게 와 있다'고 소식을 전하는 무여 스님을 만나보시길 바란다.

꼭감잘받았습니다

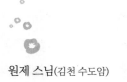

원제 스님(김천 수도암)

15, 6년 전이다. 해인사 퇴설당을 자주 드나들었다. 그곳엔 종정이자 해인사 방장이신 법전 큰스님이 주석하고 계셨고, 나는 그때 그분의 일대기를 준비하고 있었다. 퇴설당 문은 늘 잠겨 있었다. 초인종을 누르고 기다리고 있노라면 낮은 담 너머로 종정을 모시는 시자 스님들이 보였다. 그중 한 사람이 빠른 걸음으로 나와 문을 열어주곤 했다. 단정한 몸가짐에 풋풋한 표정의 젊은 스님들을 보면 엄마 마음으로 돌아가 흐뭇한 웃음이 피어오르곤 했다. 그들에겐 새로운 출가의 길 앞에 서 있는 설렘이 보였고, 젊은 나이에 출가해서 그곳에 있다는 것만으로 빛나 보였다. 시자 스님들이 내온 찻상을 마주하고 앉아서 내 인생에서 가장 아름다운 사람을 만났노라고 장담할 수 있는 법전 큰스님의 일생을 들었다.

책이 무사히 세상에 나오고 십수 년의 세월이 흘렀다. 그때 그 시자 스님들은 종정 스님의 제자 혹은 손상좌가 되었고, 세월이 흘러 선승으로 또 교계 방송에서 인기 있는 스님으로 이름을 날리고 있다. 그 가운데 유난히 키가 컸던 행자 시자가 수도암의 원제 스님이다. 어느 비구니 스님 한 분이 '모정불심'의 주인공으로 원제 스님을 추천했다. '원제 스님 글이 좋더라'는 것이 이유였다. 여든이 넘은 노스님이 보았다는《질문이 멈춰지면 스스로 답이 된다》와《다만 나로 살 뿐》을 구입해 읽으면서 스님의 은사인 법전 큰스님을 떠올렸다. '순수'와 '진심'이라는 공통분모가 느껴졌다. 그리고 최근 몇 번째 읽고 있는 서양의 영성가 아디야 샨티의《깨어남에서 깨달음까지》를 떠올렸다. 고통의 원인과 그것에서 벗어나는 방법을 물 흐르듯 자연스럽게 표현한 것에 감탄을 거듭했던 그 책과 결이 흡사하게 느껴졌다.

출가한 지 올해 16년 차인 원제 스님은 스물여덟이 되던 설날 아침에 출가했다. 차례와 세배를 마치고 떠나는 아들을 아버지는 바둑판에 눈을 둔 채 외면했다. 누이 둘은 발을 동동 굴렀다. 어머니는 집을 나서는 아들의 팔을 놓지 못한 채 울면서 아파트 입구까지 따라 나왔다. 아들은 울고 있는 어머니를 바라보면서 생각했다.

'한 소녀가 울고 있구나. 무엇이 이 사람을 괴롭게 하는가!'

아들은 알고 있었다. 저리 서럽고 안타까운 감정도 시간이 지나면 바뀐다는 것을. 변하지 않는 것은 없다. 그래서 변하지 않는 '진리'를 깨닫기 위해 떠나는 길이었다. 시간이 지나면 모든 게 제자리를 찾아가기 마련인 것, 그래서 힘들겠지만 버텨보시라고 중얼거리며 집을 떠나왔다.

대학 졸업을 한 달 반쯤 앞두었을 때 가족회의를 소집해 출가를 선언했었다. 한 달 동안 인도 성지를 순례하고 돌아와 설날 아침에 출가할 것이며, 이 결정은 바뀌지 않을 것이라고 말했다. 그때도 아버지는 말없이 방으로 들어갔고, 어머니는 눈물이 가득한 채 아들을 바라보며 물었었다.

"네가 왜 출가를 하니?"

출가가 생사해탈의 길임이 너무도 분명해서 그 길을 찾아 떠나는 아들의 마음을 알 길이 없어 어떻게든 붙잡아보려는 어머니에게 말했다.

"앞으로 제가 갈 길이에요. 오랫동안 준비해온 거 엄마도 알지 않았어요?"

서울로 유학해 대학에 다니던 아들이 군대에 다녀와 졸업을 앞두고 있는데도 영 취업할 준비를 하지 않는 것 같았다. 졸업 후의 계획에 대해 도무지 얘기하는 바가 없었다. 해인사로 취업할 준비를 하면서 대학 4학년 때 《육조단경》을 비롯해 조사어록들을 읽고 있던 아들이었으나 대전에 사는 어머니는 이를 알 길이 없었다. 함께 살고 있는 대학생 딸에게 아들의 근황을 물으니, 개량 한복을 입고 학교에 다니고, 방에 향을 피워놓고 몇 시간씩 벽을 보고 앉아 있다고 했다. 그런 소식을 듣고 아들이 저러다 출가하지나 않을까 불안해했던 어머니였다. 그랬던 어머니가 시치미를 뚝 떼며 아들에게 매달렸다.

"아니야, 나는 하나도 몰랐어. 우리 아들이 왜 출가를 한다는 거야?"

어머니의 순진한 거짓말 앞에서 아들은 크게 웃고 말았다.

출가는 일생일대의 큰일이었다. 한 번 해볼까도, 가족과 합의해서 결정할 사안도 아니었다. 그래서 하루 꼬박 여섯 시간씩 좌선을 하고 여자친구와도 헤어졌다. 면밀히 준비해왔으므로 어떤 이유로도 바꿀 수 없는 확고한 결정이었다. 아들은 그렇게 미련 없이 집을 떠났다.

"어려서부터 일찍 정서적으로 독립했던 것 같아요. 예전에도 그렇고 지금도 어머니를 보면 한 소녀를 마주하는 느낌이에요. 어머니는 생각의 지속력이 되게 짧아요. 길지 않아요, 무엇이든. 그런 분이 좋은 사람이라고 생각해요. 지속력이 너무 길면 생각으로 치우쳐버리는 측면이 있는데, 어머니는 생각으로 치우치지 않는 분이에요. 즉흥적이고 감각적이고 정서적인 부분이 강해서 순수하다는 느낌을 받은 것 같아요."

지갑을 책상 위에 둔 채 주민등록증, 안경 하나, 해인사까지

가는 차비 2만 원만 들고 떠났던 아들이 어머니를 다시 만난 것은 그로부터 6년 후 봄이었다. 해인사에서 행자생활을 마치고 사미계를 받은 뒤 선원에서 정진하던 중, 나라 밖 세상에서 좌선을 해볼 생각으로 세계여행을 앞두고 있을 때였다. 할머니와 부모님, 누이 둘과 그에 딸린 식구들이 수도암으로 찾아왔다. 어머니의 머리에는 희끗희끗 흰머리가 나앉아 있었다.

차를 마시며 서로의 안부를 물었다. 여전히 '사람'들로 가족들이 다가왔다. 출가할 때의 생각은 맞았다. 어머니는 이제 울지 않았다. 그때의 원망과 서운함을 잊은 것 같았다. 스님은 그들을 '사람들'로, 가족들은 스님을 한 사람의 '출가승'으로 대하며 담담하게 차를 마셨다. 그 어떤 감정이나 모양도 고정된 실체가 없음은 확실했다.

2년 동안 세계 일주를 하고 돌아온 뒤부터 가끔씩 부모님께 안부 전화를 드렸다. 추석 때면 대전의 부모님 집을 찾아 하룻밤을 보내고 아침에 차례를 지낸 다음 수도암으로 돌아왔다. 그리고 동안거에 들어가 새해를 맞을 때면 어머니께 크고 실한 곶감과 한과를 보냈다. 그러던 어느 해 송광사에서 동안거를 보내던 때였다. 택배를 받은 어머니가 짧은 문자를 보내왔다. 휴대폰에 찍힌 문자는 이러했다.

"꼭감과한과을잘받았습니다건강하셔요"

오후 정진에 들어가 좌복에 앉아 있는데 띄어쓰기도 없고 철자법도 맞지 않은 이 문자가 화두 대신 들어왔다. 어머니는 왜 곶감을 '꼭감'이라고 썼을까. 그러다 어머니와의 추억이 떠오르면서 끝내 자리에서 일어나 아무도 없는 욕실로 들어가서 흐느껴 울고 말았다. 한 소녀가 자신을 낳아주고 길러준 어머니로 다가온 순간이었다.

처음 어머니가 어머니로서가 아닌 순수한 소녀처럼 느껴졌던 게 대여섯 살 때쯤이었다. 죽음이 있다는 것을 알았을 때였다. 나도 죽고 엄마도 아빠도, 세상 모든 사람들도 언젠가는 죽는다는 그 일이 너무 큰 충격이고 심각해서 엄마에게 '엄마, 나 죽는대!' 하며 슬피 울었다. 아들의 우울한 마음은 아랑곳하지 않고 깔깔 웃던 어머니는 그때 스물아홉쯤이었다. 엄마이기보다는 그저 소녀일 나이였다.

중학교 때 어머니는 시장에서 옷가게를 했다. 농촌지도소에 근무했던 가장의 박봉으로는 아이들 셋을 키우기가 힘에 겨워 연 작은 가게였다. 하루는 어머니회 모임에 다녀온 어머니가 잔뜩 주눅이 들어 있었다. 많이 배운 어머니들 틈에서 초등학교만 나온 당신의 처지가 부끄러웠던 것이다. 그런 어머니가 안쓰러웠다.

대학생이 되었을 때 어머니가 영어를 가르쳐달라고 했다. 남들은 길거리에 지나가는 자동차 이름을 다 읽고 아는데 자신만 모른다는 것이었다. 그래서 대화에 낄 수 없다는 어머니 말에 가슴이 먹먹했었다. 아들에게 알파벳을 배우고 길거리를 지나가는 차 이름을 가볍게 부르던 어머니였다.

3년 전, 원제 스님은 예순다섯의 어머니에게 첫 책을 보냈다. 시 쓰기를 좋아하셨던 아버지는 '네가 이 정도 깊이 있는 글을 쓴 줄 몰랐다'고 하셨다. 아마 어머니는 다 읽지 못하셨을 것이다. 그래도 내 아들이 괜찮은 스님이 된 것은 아신 것 같았다. 다니는 공주 동학사에 가서 '원제 스님 엄마'라고 하면 모두 환영해주기 때문이다.

어머니는 아들 스님이 한동안 훌륭한 은사 스님을 시봉하며 출가자의 법도를 몸에 익힌 것을 모른다. 젊음을 다 바쳐 얼마나 치열하게 수행했는지도 모른다. 2년 동안 세계 일주 여행을 하면서도 매일 108배를 거르지 않은 것도, 불기자심(不欺自心, 네 마음을 속이지 마라)이라는 말뚝 하나를 가슴에 품고 다닌 여행을 통해 마음의 지평이 얼마나 드넓어졌는지도 모른다. 컴퓨터 게임을 하면서 젊은이들과 소통하는 활발발한 스님이 된 것도 모른다. 이제 선원을 졸업한 것도 알지 못한다. 다만 방송에 나와서 법문도 하고 책도 출간한 아들 스님을 보면서 제자리를 잘 찾아간 것 같다고 느낄 뿐이다.

아들 스님의 책을 다 이해하지 못했을지라도 스님의 어머니는 아들 스님보다 한 수 위라는 생각이 든다. 출중한 출가자를 낳아 기른 어머니라는 이름 하나만으로도.

다음 생에
행자실에서 만나요

준한 스님(저스트비템플 홍대선원 주지)

어느 때부터인지 홍대선원이 사람들의 입에 오르내리고 있다. 이름부터 남다른 저스트비템플(JustBe Temple) 홍대선원은 '글로벌 수행놀이터'를 모토로 스님들과 국내외 젊은이들이 함께 살아가며 운영하고 있는 도심 속 템플스테이 공간이다. 소문으로 듣던 이 선원의 주인장을 만난 것은 어느 추운 겨울날이었다. 삶이 마냥 즐겁고 만족스러운 듯 개구쟁이 소년 같은 웃음을 짓고 있던 40대 중반의 준한 스님은 어머니에 대해 이렇게 말했다.

"정말 어려울 때 나를 믿어주는 사람이 단 한 명이라도 있다면 성공한 삶이라고 생각해왔고 그 한 사람이 어머니였으면 좋겠다는 생각이 항상 있었어요. 저희 어머니는 어려서부터 늘 저에게, '나는 내 아들을 믿는다'며 제가 결정해서 하는 일은 무엇이든 지지할 거라고 하셨어요. 어릴 때는 실수도 하고 좌충우돌하면서 성장하기 마련인데 그때 기를 꺾는다든지 잔소리를 하게 되면 자식은 부모와 멀어져요. 그런데 저희 어머니는 그런 적이 없으셨어요. 대신 스스로 결정한 일에 대해선 책임을 지게 했죠. 사람은 자신을 믿어주는 사람을 배신할 수 없고, 아무리 힘든 일에 처해 나락으로 떨어진다 해도 그 사람을 위해 일어서죠."

아들을 믿고 확실하게 지지하되 그 삶에는 거의 개입하지 않고 독립적으로 키웠던 어머니는 아들이 10여 년간의 유학 후 출가를 결정했을 때도 흔쾌히 허락해 홀가분한 마음으로 정진할 수 있게 해주었다. 미술을 전공하고 가방 디자인부터 제조, 유통까지 도맡아 하던 사업가 어머니에 대해 준한 스님은 솔직담백하게 털어놓았다. 어머니 이야기 속에 묻어 나왔던 그의 삶, 수행, 출가, 중생교화에 대한 이야기는 깊고 명쾌했다.

중학교 때 부모님이 헤어지셨다. 두 분의 헤어짐에 상처를 받았으나 부모님이 독립해서 각자 행복할 수 있다면 괜찮다고 생각했다. 오랜 사랑 끝에 결혼한 부모님이 헤어지는 걸 보면서 사랑이라는 것도 덧없구나 느꼈지만 그것은 부모님의 일일 뿐, 낙천적이고 무한긍정주의자였던 그는 되레 천생연분의 지혜로운 이를 만나 결혼하는 것을 꿈꾸었다. 대학에서 건축학을 전공한 것도 사랑하는 여자와 살 집을 직접 짓고 싶어서였다. 몇 년 뒤에 첫사랑을 경험하면서 남자의 입장에서 아버지의 마음을 헤아리게 되었다.

모험심이 강하고 도전적인 성격의 소년은 중학교 2학년이 되자 어머니에게 미국 유학을 가고 싶다고 했다. 좀 더 큰 세계에서 공부해 나의 길을 가겠다는 마음에서였다. 어머니는 전교 10등 안에 들면 허락하겠다고 했다. 태어나서 가장 열심히 공부한 1년의 시간을 보내고 전교 10등 안에 들면서 중학교를 졸업했다. 그렇게 미국의 고등학교에 진학했고 명문대학인 워싱턴대학교(미주리주 소재 사립대학) 건축과에 들어갔다.

대학생활은 즐겁고 유익했다. 성실함을 잃지 않고 열심히 공부해 장학금을 받았고 한인학생회 회장으로도 활발히 활동했다. 어릴 때부터 인연이 있던 불교 공부에도 관심을 갖기 시작했다. 그러다가 본격적으로 불교를 만난 것은 예기치 않은 고통과 맞닥뜨린 대학교 2학년 때였다. 밤늦은 시간에 친구들을 태우고 집으로 돌아오다가 절벽에서 떨어지는 교통사고를 낸 것이다. 친구 한 명이 혼수상태에 빠져 깨어나지 못할 정도의 대형 사고였다. 살아난 게 기적이었다. 그다음 주에 똑같은 장소에서 차가 추락해 사람이 숨졌을 만큼 위험한 곳에서 일어난 사고는 행복했던 한 청년을 한순간에 나락으로 떨어뜨렸다.

"처음으로 죽음과 대면해 삶이 무엇인가라는 본질적인 질문과 마주한 때였어요. 그동안 해온 노력들이 한순간에 끝날 수도 있다는 사실 앞에서 완전히 무너졌죠. 그리고 혼수상태에 빠진 친구에 대한 죄책감 때문에 너무 괴로웠어요. 매일매일이 지옥이었어요. 그 괴로움에서 벗어날 수 있는 길을 찾지 않으면 죽을 것 같았죠."

그때 집어든 책이 숭산 스님의 법문이 담긴《선의 나침반》이었다. 한글로 번역되어 출간되기 전에 나온 그 영문 책을 읽고 '고통에서 벗어날 수 있는 답을 찾을 수 있겠다'는 믿음이 생겼다. 사고가 나기 몇 달 전에 친구 어머니의 소개로 인사를 드렸던 현각 스님에게 연락을 했다. 모든 이야기를 들은 현각 스님은 화계사로 와 정진하라고 했다. 곧바로 휴학계를 내고 숭산 큰스님과 현각 스님이 주석하고 있던 화계사로 가 국제 선원 안거에 들었다. 고통에서 벗어날 답을 찾는 화두가 풀릴 때까지 선원을 나가지 않겠다는 각오로 목숨을 걸었다. 그야말로 죽기 아니면 깨닫기였다. 간절했다.

"그렇게 21일이 되었을 때 꿈에서 깨어나는 순간이 왔어요. 죄책감과 두려움, 불안과 걱정 이런 것들이 사실 모두 꿈이었구나, 내가 만든 꿈에 걸리고 속아 살았구나, 모든 사람들이 다 그렇게 살고 있구나, 하는 깨달음이 왔죠. 지금 이 자리는 아무 문제 없이 그대로 완벽한데 스스로에게 속았구나 하면서 다시 털썩 주저앉은 채 바로 삼매에 들었어요. 몇 시간 동안 한 생각도 일어나지 않은 깊은 삼매였어요. 모든 것이 보이고 들리는데 순간순간 선명한 상태에서 삼매가 유지되었어요. 처음으로 삼매를 경험했습니다. 그리고 꿈에서 깨어난 거죠."

그로부터 일주일을 더 정진한 뒤, 이제부터 업을 녹이는 진짜 수행이 시작되었다고 생각하며 집으로 돌아왔다. 한 달 만에 컴퓨터를 열어 메일을 체크했다. 선방에 들어가 정진하는 그 한 달 사이에 기적이 일어나 있었다. 혼수상태에 있던 친구가 깨어나 처절하게 재활한 끝에 95퍼센트 정도 회복해 있었던 것이다. 미국 3대 의대 중 하나인 워싱턴대학교 의과대학에서는 이 희귀한 사실을 다큐로 만들어 전국의 재활센터로 보내 환자들이 용기를 내서 재활할 수 있게 했다. 막대한 병원비도 학교에서 부담해주어 돈 걱정에서 벗어날 수 있었다.

"메일을 읽으면서 펑펑 울었어요. 부처님의 가피라는 느낌이 들면서 그때 알았죠. 나는 이제 부처님한테 발목이 딱 잡혔구나. 그래서 평생 수행하며 그 가피에 보답하면서 살아야겠다고 발원하게 되었어요."

국제선원에서 나온 뒤 배낭 하나를 메고 선오후수의 수행과 자리이타의 삶을 화두로 들면서 6개월 동안 세계 곳곳을 여행했다. 그리고 학교로 돌아가 학업을 계속하면서 '험블 마인즈 그룹(Humble Minds Group)'을 만들었다. 룸메이트(후에 출가한 백담 스님)와 함께 아파트를 선원으로 꾸미고 국적과 종교가 다양한 친구들과 함께 정진했다. 매일 아침 영어로 사홍서원을 하고, 숭산 스님의 챈팅북을 읽고, 108배와 명상을 하고 차를 마시며 불교 철학에 대해 이야기 나누었다. 그 과정에서 자연스레 부처님의 제자로 살아가는 길을 발견했다. 채식, 명상, 수행을 함께하는 세계 채식 뷔페와 명상센터를 겸한 게스트하우스를 구상하게 된 것이다. 지금 운영하고 있는 저스티비템플 홍대선원이 그때 태동된 셈이다. 이 사업계획서로 대학 창업 클래스에서 1등상을 받으며 투자금을 받고 부지 선정을 하는 등 사업개발을 구체화시켰다.

그러는 동안에도 방학 때면 한국에 나와 큰스님들을 찾아다니면서 공부에 대해 묻고 정진했다. 어느 해에는 휴학계를 내고 한국으로 와서 '마하심'이라는 청년 중심 그룹을 만들어 스님들의 법문을 듣고 3000배도 하며 봉사활동을 했다. 스님들이 눈독을 들이고 출가를 권했지만 그럴 생각은 없었다. 돌아보면 아상으로 인한 얕은 생각이었지만 그때는 이미 마음으로 출가했다고 생각했다. 그리고 자신의 수행 자체가 곧 전법이라는 생각이었다.

그러다가 출가를 결심하는 계기를 맞이했다. 대학을 졸업하고 사업개발에 열을 올리고 있던 어느 날 불교텔레비전 (BTN) 방송국으로부터 현각 스님이 법문한 〈살아 있는 금강경〉 영상을 번역해달라는 요청을 받았다. 사업자금에 보탬이 될까 해서 번역을 시작했다.

"번역을 하면서 딱, 알았어요. 전법과 포교를 함께 하는 게스트하우스 사업보다 더 급한 건 내 그릇을 키우는 일이라는 것을요. 내 그릇이 작은데 다른 사람들에게 어떻게 지혜와 힘을 나눠 줄 수 있겠어요? 이왕 자리이타의 삶을 살 거라면 지혜와 힘을 갖춘 내 그릇을 무한대로 키우는 것이 급선무였고, 가장 빠른 길이 출가라는 걸 본능적으로 직감했던 거 같아요."

자막 번역을 끝낸 마지막 날, 현각 스님에게 출가하겠다고 얘기하고 미국에서 진행하고 있던 사업을 친구들에게 넘기고 한국으로 돌아왔다.

출가로 가는 마지막 관문은 어머니였다. 혼자 힘으로 유학 뒷바라지를 한 어머니를 어떻게 설득할 것인가. 대학을 졸업하고 인사를 드리러 왔을 때 어머니가 하신 말씀도 있었던 터라 마음이 가볍지 않았다. 아들을 믿고 잔소리 한번 없이 유학비를 보냈던 어머니에게 졸업장을 들고 가 감사의 마음을 전하자 어머니는 말없이 방으로 들어가 장부를 갖고 나오셨다.

"이 장부에 내가 10년 동안 너한테 쓴 돈을 모두 적어놓았다. 졸업을 했으니 이제 네가 평생을 두고 갚아라."

장부를 열어보니 그동안 아들에게 보낸 적지 않은 돈이 만원 단위로 빼곡하게 적혀 있었다. 정신이 번쩍 들었다. 자신을 믿고 10년의 삶을 투자한 어머니를 위해서라도 반드시 사업에 성공해 돈을 갚아야겠다는 투지가 생겼다. 그런데 그 빚을 갚지 못한 채 출가의 결심을 말해야 하는 상황이 온 것이다.

아들이 출가할 결심을 밝히자 이번에도 어머니는 예전의 장부를 들고 나왔다. 그리고 눈물을 쏟았다. 아들을 키우면서 그 무엇도 바라지 않았고, 어떤 상황에서도 눈물을 보인 적이 없던 어머니였다. 태어나 처음 어머니의 눈물을 본 아들은 출가의 마지막 관문을 넘어서기가 어렵겠다는 생각을 했다.

"너한테 바라는 게 한 가지 있다면 출가해서 스님이 되는 거였는데, 출가를 하겠다니 내 소원이 이뤄졌구나. 이제 이 빚은 다 갚았다. 잘 가거라."

그동안 한 번도 내 자식이 출가했으면 좋겠다는 이야기를 입 밖으로 내지 않았던 분이다. 뜻밖의 어머니 말씀에 아들은 마음이 홀가분해졌다.

예상외로 흔쾌히 출가를 허락한 어머니는 자식의 출가를 어떤 마음으로 바라보고 있었던 것일까? 수덕사에서 행자생활을 끝내고 사미계를 받고 나서의 일이다. 은사 스님인 현각 스님이 어머니에게 인사를 드리고 오라고 해서 집에 들렀다. 가사 장삼을 수하고 현관문을 열고 들어가니 기다리고 있던 어머니가 삼배를 올렸다. 함께 삼배를 드리고 어머니가 차려 준 저녁을 먹고 거실에 앉자 어머니가 다가와 물었다.

"스님, 오늘 주무시고 가려고요?"

"예, 오늘 하룻밤만 자고 가려고요."

그러자 어머니가 물었다.

"스님 견성하셨어요?"

"저 이제 막 계 받고 왔는데 견성은요."

"그러면 집에서 주무시지 말고 절에 가서 주무세요."

담담한 어조로 말씀하시는 어머니가 다시 한번 보통 사람으로 느껴지지 않았다. 머쓱해서 일어서려는데 어머니가 쐐기를 박듯 말씀하셨다.

"이제 제가 전생에 스님에게 진 빚은 다 갚았습니다. 마지막 남은 소원은 다음 생에는 스님과 큰절 행자실에서 만나는 겁니다."

아들 스님은 그날 처음 어머니도 다음 생엔 출가를 원하고 있다는 것을 알았다.

스님이 어머니를 다시 만난 것은 출가 후 10년이 지나서였다. 해인사에서 강원과 율원을 졸업한 뒤 차마고도 구법 순례를 하기로 결정하고, 떠나기 전에 인사차 집에 들렀다. 어머니는 지난번처럼 절로 내쫓지는 않았다. 견성을 위해 아들이 얼마나 착실하게 공부했는지 한눈에 알아봤을 것이다. 유학과 출가 기간을 합쳐 20여 년 만에 어머니와 한 달 동안 시간을 보내면서 많은 이야기를 나누었다. 어머니는 행복해 보였다. 과거는 잊고 현재만을 살고 계시는 어머니에게서 도반과 같은 느낌을 받았다. 어머니는 안방 문갑 위에 아들과 아들의 은사 스님 사진을 나란히 올려놓고 매일 그 앞에서 예불하고 〈이산혜연선사 발원문〉을 읽고 있었다.

"어머니에게 출가는 어떤 의미였을까요?"

"어머니는 복잡하지 않고 굉장히 단순한 분이세요. 이타적인 삶을 사는 출가의 길이 무엇보다 자유롭고 가치 있는 삶이라고 생각하신 것 같아요. '아들이 출가해서 잘 살고 있으니 나는 이제 세상에서 가장 행복한 여자가 되었다'고 하신 말씀이 기억나요."

어머니를 세상에서 가장 행복한 여인으로 만든 스님에게 좋은 부모의 역할에 대해 물어보았다.

"말보다는 행동으로 보여주는 부모가 좋은 부모인 것 같아요. 불자 어머님들은 부처님 얘기를 줄이셔야 해요. 오히려 말과 행동이 부처님과 같아야 해요. 우리 엄마가 부처님인데 절에는 뭐 하러 가냐는 말이 나올 정도가 돼야 진정한 보살이죠. 자식을 있는 그대로 사랑하면 자식은 부모에게 예쁜 짓을 하고 싶어져요."

수시로 젊은이들을 만나고 있는 스님에게 청년 교화에 대해 물었다.

"불교는 일단 '나'를 찾는 것이고, 내 안에 무한한 힘과 지혜가 갖추어져 있다는 것을 믿는 거예요. 자신이 얼마나 위대한 존재인지 모르는 것만큼 슬픈 게 없어요. 제가 가장 괴로웠을 때 그 괴로움에서 벗어나게 하는 명약이 내 안에 있다는 것을 경험했잖아요. 실제로 삶에 대한 두려움과 불안함, 자신에 대한 의심이 큰 젊은이일수록 내 안에 답이 있다는 말을 잘 알아들어요. 답은 여기 이 자리에 있어요. 무엇을 하든 지금 이 순간, 여기 이 자리가 나의 목적지인 거죠. 그러니까 이미 도달해 있는 거예요. 그런데 우리가 그걸 모르고 있는 거죠. 젊은 사람들은 이걸 빨리 알아들어요."

최근 할머니가 된 나에게 스님이 들려준 이야기가 아직도 깊은 여운으로 남아 있다.

"예순 살을 이순耳順이라고 하잖아요. 귀가 순해진다는 의미죠. 할머니들은 손주들 얘기를 그냥 다 들어주잖아요. 할머니의 그런 성품을 표현한 말이 이순이더라고요. 저는 이 말을 좋아하는데 정해진 틀 없이 이래도 예쁘고 저래도 예뻐서 다 들어주는 할머니의 푸근한 사랑이 정말 지혜로운 사랑인 것 같아요. 저는 수행이 뭐냐고 물으면 잘 살아가는 것이라고 대답해요. 우리의 삶은 현재라는 리듬을 타고 있는 거잖아요. 수행은 지금 이 자리에서 일어나고 있는 모든 것을 사랑하는 것이죠. 단, 집착 없이 마음껏."

스님은 왜 출가했느냐고 묻는 사람들에게 늘 "앞에 있는 당신을 만나기 위해서."라고 답한다. 누구를 가장 존경하느냐는 질문에도 바로 "내 앞의 당신."이라고 답한다. 과거와 미래를 걱정하지 말고 당당하고 용기 있게 하고 싶은 것을 하며 지금 이 순간을 살자는 의미다.

스님의 요즘 화두는 뜻을 함께해 일하고 있는 저스트비템플 홍대선원 운영진 20여 명에게 최소한의 월급을 줄 수 있도록 노력하는 것에 가 있다. 도시 한복판에서 건물을 통째로 임대해 선원을 운영하는 일이 수월치 않을 것이나, 스님의 대중 교화에의 원력이 깊기에 지혜롭게 화두를 잘 풀어갈 것 같다.

아들, 너만 좋으면 돼

백담 스님(영주 양백정사)

　　　　백담 스님의 어머니 박영순 여사는 올해 73
세로 대치동 엠마제과 사장님이다. 젊은 시절 달동네에서 참
기름 장사부터 시작해 35년 동안 제과점을 운영하면서 아들
둘을 미국의 명문대학에 유학시키고 그 아들 둘을 부처님께
바친 분이다. 출가 10년 차인 큰아들은 태백산 양백정사에서
정진 중이고, 설치미술 작가인 작은아들은 저스트비템플 홍
대선원 청년대표로 있다.
　미도상가 내에 있는 가게 한편에서 차를 마시며 밝고 명랑
하게 자신의 삶과 스님이 된 자식에 대해 이야기하는 내내 미
소를 잃지 않았던 이 어머니는 나이가 무색할 정도로 사랑스
러워 보였다. 아마도 '나'를 내세우지 않는 겸손함과 현재를
담담히 감사하게 받아들이며 사는 태도 때문이 아니었을까

싶다.

"두 아드님을 그렇게 공들여 유학 보냈고 큰아드님은 성공한 사업가였는데 출가한다고 해서 서운하지 않으셨어요?"

"아니요! 스님이 되신 게 너무도 좋아요. 자신이 원한 길이었으니까요. 바라만 봐도, 생각만 해도 좋아요. 그런데 제일 안 좋은 게 아들과 실컷 얘기 나눌 수 없는 거예요. 어려서부터 아들 둘하고 며칠을 밤새워 얘기해도 할 얘기가 또 있었거든요. 출가해 공부하고 있는 아들에게 보고 싶다고 전화할 수가 있나요? 그거 빼고는 너무 좋아요."

어디에 있든 자식이 행복하기만 하면 무엇이든 좋다는 이 어머니는 가끔 아들 스님이 가게에 나타나면 누가 보든 말든 쫓아가서 덥석 안고 속삭인다.

"아들, 사랑해!"

결혼 전 백화점에 근무할 때 백화점 대표 스마일로 뽑힐 만큼 미소가 아름다운 이 어머니는 스물셋에 결혼해 아들 둘을 낳았다. 남편이 사업을 접고 외국으로 일하러 나가는 바람에 일찌감치 생활전선에 나섰다. 작은아들은 업고 큰아들은 걸린 채 방앗간에서 떼어 온 참기름을 들고 서울역부터 종로 등 거래처가 될 만한 식당을 찾아 다녔다. 야채도 다듬어주고 설거지도 해주며 거래처를 뚫었다. 두 시간 정도 일해주고 나면 참기름 한 병을 팔아주었다. 차츰 큰 거래처들이 늘면서 참기름 장사로 돈이 벌리기 시작했다. 이후 작은아들 4학년 때 그 일을 접고 제과점을 열었다.

"작은아들이 그때 반장을 했는데 담임 선생님이 어머니는 뭐 하시니, 하고 묻자 친구들이 듣지 못하게 선생님 귀에 대고 '우리 엄마는 참기름을 좋아해요'라고 말했다고 해요. 엄마가 참기름 장사를 한다는 얘기를 그렇게 둘러서 했다는 소리를 담임 선생님에게 들었죠. 자식을 위해 돈을 벌고 일을 하는 건데, 아이들이 창피해한다면 그만두는 게 맞겠다고 생각했어요."

자식을 위해서라면 못 할 바 없는 존재가 세상 어머니들 아닌가. 식당에 납품하던 참기름 장사를 그만두고 남편과 함께 제과점을 시작했다. 계약금은 물론 비용이 턱없이 부족해 지인들에게 무릎 꿇고 사정해 돈을 빌려 시작한 사업이었다. 다행히 당시 전국에 60개의 지점을 가지고 있던 엠마제과의 대치동 지점이어서 가게는 잘되었다. 거래처가 늘면서 방학에는 명동에 있는 백화점에 아이들이 빵을 배달했다.

큰아들은 공부도 잘하고 행동이 단정하고 다소곳했다. 속을 썩여본 적이 없다. 네 살 터울의 동생에게도 모든 걸 맞춰주었다. 형제끼리도 싸움 한 번 한 적이 없다. 작은아들이 욕심이 있고 하고 싶은 일은 끝까지 해내는 것에 비해, 큰아들은 자신을 다 죽이고 내려놓을 줄 알았다. 사춘기 때도 엄마에게 짜증 한 번 안 낸 아들들이었다. 작은아들은 미국에서 고등학교를 다녔는데 기숙사 소등을 피해 화장실에서 공부해가며 최우수상을 받고 졸업했다.

작은아들이 전액 장학금을 타면서 큰아들도 미국 유학길에 올랐다. 입학 첫날 두 시간쯤 강의를 듣고 어머니에게 전화를 건 큰아들은 '500원짜리 빵을 판 돈으로 1시간에 13만 원짜리 강의를 들을 수 없다'면서 공부에 매진해 장학금을 탔다. 큰아들은 그래픽디자인, 작은아들은 순수미술을 전공했다. 이런 아들들 때문에 힘들게 일해도 늘 기운이 났다.

"큰아들 대학 졸업식 참석차 아들 집에 갔더니 집을 법당처럼 꾸며놓았는데, 새벽이 되자 미국인들이 10명 이상 예불을 드리러 왔어요. 아들은 긴 머리를 묶고 수염도 깎지 않고 있는데 보니 표정에 아무것도 들어 있지 않았어요. 출가하면 딱 좋을 것 같은 분위기더군요. 착하고 여린 큰아들은 예전부터 출가할 기미가 보였어요. 한국에서 대학에 다닐 때 함께 설악산 오세암에 간 적이 있는데 그곳 스님께 출가에 대해 묻더군요. 그래서 출가할 생각이 있나 했지만 그냥 지나친 적이 있어요. 저는 아들이 대학을 졸업한 그때 출가한다고 하면 좋다고 생각했는데 남편은 달랐어요. 아버지 입장에서는 대한민국에서 제일 똑똑하고 잘생긴 아들이었을 테니 출가를 입에 올릴 수 없었을 거예요. 큰아들이 졸업하고 와서 대전에 있는 선방에 3개월간 들어가 있었는데 남편에겐 말을 못 했죠."

어머니를 만나고 며칠 뒤 태백산 양백정사에서 만난 백담 스님에게 불교가 삶에 들어온 시기에 대해 물어보았다.

"20대 초반부터 이 세상을 정의할 수 있는 단 한 가지는 무엇일까라는 생각을 했어요. 그러다가 스물다섯 즈음 어머니와 함께 절에 갔는데 그곳 스님이 '너는 누구냐'고 물으시더군요. 한 번도 생각해본 적 없는 이 질문 앞에 서면서 마음 탐구가 시작되었던 것 같아요. 그러다 청화 큰스님의 법문집 《원통불법의 요체》를 읽게 되었어요. 처음으로 한 글자 한 글자를 집중해서 읽은 책이었죠. 불교가 불상에 대고 복을 비는 종교인 줄 알고, 나의 자성이 불성인 줄은 꿈에도 모르고 있을 때였는데, 그 책을 통해 비로소 불교가 견성성불을 얘기한다는 것을 알았어요. 한 글자도 놓치지 않고 몇 번을 읽었는데 그 말씀 하나하나가 거부할 수 없는 힘으로 다가왔던 순간을 잊을 수 없어요. 무서운 형상이 그려진 사천왕문 뒤에 이런 내용이 숨어 있었다는 것을 발견하고 전율을 느꼈죠. 그렇게 고행을 마다 않고 수행을 하셨는데도 항상 당신은 부족하다고 말씀하셨던 청화 큰스님의 청빈한 삶도 감동적으로 다가왔어요."

"그럼 그때 출가를 생각하고 설악산 오세암에서 만난 스님께 출가에 대해 문의하신 건가요?"

"잠시 생각했었는데 부모님을 버리고 떠나야 하니 차마 그럴 수가 없다는 생각을 했어요, 그때는."

"그럼 본격적으로 출가를 생각한 건 언제인가요?"

"군대에 다녀온 뒤 집안 사업을 돕다가 미국 유학을 갔는데 그곳에서 불교의 정수를 느꼈죠. 한국에서 알았던 불교가 절에 가서 제사를 지내고 하는 그런 불교였다면, 그곳에서 생활하면서 느낀 불교는 아침 예불과 108배를 하고 명상을 하는 대단히 철학적이고 현실적인 정신문화로 다가왔어요. 2년 동안 그런 생활을 하면서 '나는 누구인가'라는 질문에 불이 붙었죠."

"학업을 끝내고 중국으로 가서 사업을 하셨는데 졸업하고 나서는 출가할 생각이 없으셨나요? 어머니 말씀으로는 그때 출가했으면 딱 좋을 모습이었다고 하던데."

"따로 수행을 해서 더 성장해야 한다는 생각보다는 성실하게 사는 것 자체가 수행이라고 생각했어요. 그때 룸메이트로 있으면서 함께 공부했던 준한 스님이 출가한다고 전화를 했어요. 나는 진흙 속에서 연꽃을 피우듯 사업에 성공해서 네가 불사를 하게 되면 돕겠다고 약속했죠."

"한 사람은 출가의 길을, 한 사람은 세속 깊숙이 들어간 셈이군요. 중국에서의 사업은 잘되었나요?"

"12년 동안 제과점 점포 수를 수십 개 늘리면서 충분히 성공했지만 그만큼 문제도 많았어요. 시비를 가려야만 하는 세상에서 많은 것을 배웠죠. 모든 것을 다 바치며 일했던 가까운 사업자 한 분이 스트레스로 삶을 마감하는 것을 보면서 모든 것이 덧없다는 것도 느끼고요. 심신이 지칠 대로 지치고 세속을 떠나고 싶었을 때 모든 걸 정리하고 준한 스님이 있는 양백정사로 들어갔죠."

중국에서 돌아온 바로 다음 날 양백정사에서 준한 스님이 머리를 밀어주었다. 삭발하고 어머니에게 전화를 드려 출가 소식을 알렸다.

"어머니, 저 산에 들어가려고 합니다."

이미 짐작하고 있던 어머니는 아들에게 속마음을 전하며 힘을 실어주었다.

"아들, 아무 소리도 듣지 말고 지금 자네가 가장 원하는 길로 가. 그동안 부모에게도 너무 잘했고 열심히 살았어. 아들이 어딜 가든 엄마는 박수 쳐줄게."

집에도 들르지 않고 절로 들어간 아들 이야기를 남편에게 하지 못했다. 그러다 하루 날을 잡아 이실직고했더니, 아니나 다를까 난리가 났다. 함께 봉은사 불교대학에서 불교를 공부한 불자였지만 자식의 출가는 다른 차원으로 받아들이는 것 같았다. 작은아들이 와서 아버지 앞에 무릎을 꿇고 통사정했다. 아버지가 허락을 해주셔야 형이 힘을 내서 공부를 하지 않겠느냐고, 대신 자신은 출가하지 않겠다는 작은아들의 말을 듣고서야 남편은 서운한 마음을 누그러뜨렸다. 그 후 아버지는 승복을 입은 아들을 보면 눈을 마주치지 않았다. 너는 이미 내 아들이 아니라 출가수행자라는 의미였다.

그런데 아버지와 달리 어머니는 작은아들이 출가를 한다고 해도 환영할 것 같은 마음이다. 큰아들보다 더 수행자처럼 살고 있는 아들이었기에 넌지시 말해보기도 했다.

"아들, 너도 출가하고 싶으면 해."

"아닙니다. 저라도 어머니 곁에 있어야죠. 그리고 저는 현재 이 자리에서 잘 살아가는 것이 출가라고 생각합니다."

작은아들은 하루에 세 번씩 전화해서 안부를 묻고, 때로는 가게에 들러 일을 돕기도 한다. 그럴 때마다 어머니는 "아들이 무얼 하든 엄마는 항상 아들 편이야. 힘내."라고 말한다.

어머니는 10여 년 전에 다리를 다쳤다. 한쪽 다리가 아리고 시려 토시를 두르고 가게에 있는 어머니를 보면 큰아들은 가슴이 메인다. 오래 일하시게 해서 죄송하다고 말하는 아들 스님에게 어머니는 그런 말씀 하시려면 오지 말라고 손을 내젓는다. 여직 일하는 게 좋고 스님이 출가해서 공부하는 게 좋을 뿐이다.

"친정아버님이 한학자이셨는데 제자들을 수십 명 집에 데려다가 공부를 시키셨거든요. 그렇게 많은 식구들을 건사해도 어머니는 힘들다는 말 한 마디 않고 사셨어요. 평화로운 환경 속에서 산 덕분에 많은 남매들이 자라면서도 한 번도 싸우지 않았어요. 제가 결혼할 때 어머니가 서울에 오셔서 하시는 말씀이 남편이 아무리 잘못하는 일이 있어도 입을 열어 말하면 안 된다고 하셨죠. 우리는 무엇을 바라고, 뭐가 어때야 한다는 게 없었어요. 순간순간 이만큼 살 수 있는 것에 감사하고 그냥 아들 둘을 보는 것만으로 너무 행복해요. 우리 집 양반이 2년 전에 많이 편찮아 돌아가실 뻔했는데 우리 스님이 출가한 공덕으로 살지 않았나 싶어요. 그것만으로 너무 감사하죠."

양백정사에서 행자생활을 하며 석 달 동안 호흡을 길게 내쉬기만 했던 아들 스님은 사업하면서 망가졌던 폐가 살아난 듯했다. 출가 후 건강검진에서 위암 초기가 나왔을 만큼 나빠진 건강이 공부하는 10여 년 사이에 회복되었다. 가끔 안부 전화를 드리면 대뜸 '어디 편찮으세요? 왜 그렇게 목소리가 작습니까?' 하고 묻는 어머니에게 아들 스님은 말한다.

"어머니 걱정 마세요. 저는 뭐든지 풍족합니다."

백담 스님은 몇 시간 이야기를 하는 동안 별로 표정의 변화가 없었으나 수행에 관한 이야기를 할 때면 환한 미소를 띠었다. 출가해서 하는 이 공부가 하면 할수록 재미있다면서 자신도 모르게 환히 웃는 그 미소가 어머니의 사랑스런 미소와 너무나도 닮아 있었다.

"아버님 부재 시 달동네에 살면서 자식들과 살아가는 것이 절박했던 어머니는 정말 악착같이 사셨어요. 참기름 한 병을 팔려고 그렇게 애쓰시는 걸 보았기 때문에 출가를 쉽게 결정하기 어려웠어요. 어머니는 나의 분신이기도 하고 사무치는 그리움의 고향(자성)과 같은 존재죠. 고난이 있을 때마다 앞뒤

에서 걱정해주셨고, 출가할 때는 제가 가족 경영체의 일원이
다 보니 사업적인 측면에서도 큰 피해가 예상되었을 텐데도
적극 지지해주신 분이죠. 저는 아직 스님이 되어가는 과정에
있어요. 뭐 거창한 뜻을 세운 것도 아니고 아무것도 모르고 출
가했는데 가면 갈수록 이 공부의 맛을 조금 알게 되는 것 같아
요. 다른 것 할 것 없이 꾸준히 해야지요. 공부에 대한 확신이
깊어지는 것이 어머니의 은혜를 갚는 길이라고 생각합니다."

　　스님의 마지막 말씀은 일생을 다 바쳐서 자식을 키웠지만
자식에게 그 어떤 것도 바라지 않는 이 세상 어머니들에 대한
헌사처럼 느껴졌다.

5장

오로지
기도가 전부인 삶

아낌없이 다 내주었던
대보살

김인숙(전 불교여성개발원장)

　　불가에서는 여성 신도, 특히 어머니들을 보살이라 부른다. 여자는 어머니일 때 보살에 가장 가깝기 때문일 것이다. 보살은 무아無我를 실천하는 사람이다. 그러므로 분별심을 여의어 탐욕을 부리거나 화를 내지 않고 어리석은 마음을 내지 않는다. 언제 어디서나 '나'도, '나의 것'도 없다. 내가 소유한 것을 아낌없이 내놓는다. 그리고 모든 존재가 평등함을 알고 이를 실천한다.

　'세상의 어머니'로 불리는 보살 한 분이 있다. 내 자식보다 남의 자식들을 더 귀히 여기고 사랑했다. 세상을 향해 내가 지닌 것을 아낌없이 내놓았다. 전쟁으로 피폐해진 절을 복구하는 곳에 수십, 수백 포의 시멘트를 보냈고, 절에 불경을 보시해 문서 포교에 앞장섰다. 말년에는 아픈 몸을 이끌고 차茶의

본산지인 일지암 복원에 힘을 쏟았고, 조계사 신도회장직을
맡아 마지막까지 자신이 가진 힘을 아낌없이 쓰고 갔다.

현대 한국불교 1세대 대보살로 불리고 있는 명원 김미희
(1920~1981) 여사가 그 주인공이다. 쌍용그룹 창업주의 아내
로서보다는 사회운동가, 차 문화 연구가 및 보급자로 더 알려
진 보살이다.

그분의 큰따님으로 어머니의 보살행을 이어받아 실천하고
있는 불교여성개발원 김인숙 전 원장(3~4대 원장, 국민대 명예
교수)을 만나 어머니의 이야기를 들었다. 팔순을 훌쩍 넘긴 따
님이 추억한 어머니는 이 땅의 어머니들이 본받아야 할 '참 보
살'의 모습 그대로여서 감동 깊었다. 가장 궁금한 질문부터 했
다.

"따님이 보셨을 때 어머니의 불교는 삶에 어떤 역할을 한 것
일까요?"

"말보다는 실천이 앞섰던 분이세요. 어려운 사람이 있으면
그 자리에서 도와주셨죠. 1분도 안 걸렸어요. 뭘 재어두질 못
했어요. 아버지가 그러셨어요. 네 엄마는 간이 몸속에 있어 다
행이지 밖에 있었으면 큰일 냈을 거라고. 1년에 중소기업 하
나씩은 없애고 있다고 하셨으니까요. 당신 것은 아무것도 없
었어요. 우리 어머니처럼 주는 걸 좋아하는 사람을 보지 못했
어요."

그렇게 주기를 좋아했던 어머니는 타계하고 나서 자신 앞으

로 땅 한 평, 집 한 채 없었다. 착오가 아닌가 하고 국세청에서 조사를 나왔을 정도다. 다만 안방 서랍에서 수십 개의 적금통장이 나왔는데, 통장 주인이 집에서 일하는 찬모, 정원사, 운전기사 등이었다고 하니, 가히 보시의 화신이 아니었나 싶다.

장마가 나면 피해를 입은 전국의 절에서 전화가 왔다. 어머니는 쌍용양회에 전화해서 바로 다음 날 절에 시멘트를 보냈다. 서울 신문로에 있던 집은 늘 문전성시를 이루었다. 김 원장이 미국에서 공부를 마치고 돌아와 보니 집이 여관처럼 바뀌어 있었다. 담벼락 위에 2층으로 방을 지어 아버지 고향에서 공부하러 올라온 일가친척들을 묵게 했던 것이다. 아침에 준비해놓은 도시락만도 몇십 개였다. 하루 100여 명이나 드나드는 식객들을 위해 밖에 따로 지어놓은 식당에서는 하루 종일 국과 찌개가 끓고 있었고 사람들이 끊임없이 드나들며 밥을 먹었다. 하루 한 가마니의 쌀을 소비할 때도 있을 정도로 아침부터 신문배달원, 구두닦이, 동네 순경, 우편배달부, 지나가던 동네 운전기사들이 와서 따뜻한 밥을 먹고 갔다.

어머니는 스님들만 도와준 게 아니다. 여름에 골짜기에 가족들이 놀러 가는 날이면 가족 수보다 다섯 배 정도의 음식을 더 만들어 주변 동네 사람들에게 골고루 나눠주고 왔다고 한다. 남은 것은 절대 가지고 오지 말라는 게 어머니의 명이었다.

"우리 어머니 통 큰 것은 이루 말할 수가 없어요."

당시 '부탁할 일이 있으면 서울 신문로에 사는 김미희 보살을 찾아가라'는 얘기가 돌 정도였다.

"어머니는 따님들에게 어떻게 불심을 심어주셨죠?"

"어머니는 스님들을 지극히 공경하셨어요. 집에 스님들이 오시는 날이면 우리를 불러 절을 올리게 하고, 불사에 필요한 심부름을 시키셨죠. 음양으로 불사를 돕게 하면서 불심을 키워주셨던 것 같아요."

법정 스님과의 일화다. 젊은 스님 세 분이 어머니를 찾아왔다. 유난히 바짝 마르고 말 한마디 없이 앉아 있던 스님이 눈에 띄었는데, 바로 법정 스님이었다. 법정 스님이 사회운동을 하면서 봉은사에 있을 때였다. 서울 생활을 끝내고 송광사로 들어가려는데 토굴 지을 불사금을 희사해주었으면 하는 청을 넣으러 온 것이다.

"토굴을 짓는 데 얼마나 들어갑니까?"

스님들은 당당하게 자신들이 찾아온 이유를 말했고, 어머니는 더 이상 묻지 않았다. 긴말을 싫어하고 요건만 간단하게 듣고 말하는 게 어머니의 대화방식이었다. 당시 한옥 세 채 값의 시주를 약속하면서 그 자리에서 두 딸에게 명했다.

"너희가 5분의 1씩, 나머지는 내가 마련해서 드리도록 하자."

스님들이 바람처럼 떠나고 얼마 지나지 않아 약속한 불사금으로 불일암이 지어졌다. 한두 해 후 어머니는 차의 본거지였던 일지암 복원을 위해 지리산에 다녀오면서 불일암에 들렀다. 그리곤 돌아와서 두 딸을 불러 이렇게 흡족한 마음을 드러냈다고 한다.

"빨아서 솥뚜껑에 올려놓은 행주며 바닥이 얼마나 청결한지 떨어진 밥알을 주워 먹어도 괜찮겠더라. 화장실도 볼일을 보고 솔잎으로 덮어놓게 해놓으셨더구나. 비구 스님도 그렇게 깔끔하게 살림을 하는데 여자들인 너희는 그 살림이 뭐꼬?"

김인숙 원장이 어머니를 통해 특별히 기억하는 수행자는 잠실 불광사를 지은 광덕 스님이다. 불광사 불사를 위해 어머니를 찾아온 광덕 스님의 모습은 법복을 입은 한 마리 학과 같았다. 창백한 낯빛에 곧 쓰러질 것처럼 약해 보였지만 불광사 불사에 대한 의지를 피력할 때는 마치 다이너마이트가 폭발할 것 같은 힘을 쏟아냈다. 어머니는 그 자리에서 절을 짓는 데 필요한 시멘트를 보내겠다고 약속했다. 그런데 얼마 후 어머니가 돌아가셨고, 그 자리에 함께 있었던 김 원장이 동생인 김석원 회장에게 얘기해 어머니의 약속을 실현시켰다. 근 한두 주 동안 레미콘 몇십 대에 시멘트를 실어 전달했다. 불교 현대화에 대한 광덕 스님의 깊은 발원과 포교 열정이 꽃을 피운 데는 어머니의 보시가 큰 몫을 한 것이다.

이러한 어머니를 보면서 딸들의 신심도 커졌고, 어머니가 했던 것처럼 보시행을 실천하게 되었으리라. 3남 3녀의 장녀인 김인숙 원장과 차녀인 김의정 명원문화재단 이사장(전국신도회 전 회장)이 어머니의 불심을 물려받았다.

"저는 어머니에게 더불어 살아야 한다는 자비심을 배운 거 같아요. 학교에 근무할 때 입시철이 되면 떡을 해서 수고하는 교수들은 물론 직원들에게도 똑같이 드렸어요. 청소하시는 분들에게 제 연구실 열쇠를 주어서 제가 학교에 안 나오는 날 들어와서 쉬라고 했어요. 그분들이 불교 책을 가장 많이 빌려 가서 읽었고 제가 은퇴할 때 가장 서운해하셨죠."

김 원장은 사회복지를 전공했고, 유학을 다녀와 국제부인 회 복지 담당 임원으로 있으면서 사북 탄광촌 아이들에게 매 달 장학금을 보내는 등 어려운 사람들을 도왔다.

"어머니의 기도 수행은 어떠셨을지 궁금하네요."

"어머니의 기도는 아버지가 돌아가신 뒤부터였던 것 같아 요. 사회활동을 거의 차단하고 아침마다《천수경》과《금강경》 등의 경전을 읽고 사경을 하셨죠. 겨울에도 창문을 활짝 열어 놓고 독송 테이프를 틀어놓았어요. 정원의 새들과 연못의 물 고기들도 경전 소리를 듣고 해탈하라는 마음에서였죠. 어머 니는 인과를 철저히 믿으셨어요. 인과응보에는 에누리가 없 다면서 자기 업장은 자기가 없애야지 남이 대신 갚아주지 못 한다고 하셨죠. 아버지가 일찍 타계하시자 슬퍼하며 우는 우 리들에게 너희들이 복이 모자라 아버지와의 인연이 너무 짧 았으니, 앞으로 더 참되게 살아서 다음에 아버지를 만났을 때 는 긴 인연이 되게 하라고 하셨어요."

젊었을 때는 그 말씀이 너무 냉정하게 들렸는데, 세월이 지나고 보니 인과법문이었다. 인과법을 알면 원수를 두어서도 안 되고, 오늘 여기서 선한 인연을 만들면서 살아야 한다는 가르침이었다. 인과를 정확히 알고 살아야 하는 것이 곧 불교임을 어머니를 통해 배운 것이다. 말년에 어머니가 지병인 간경화로 거동이 불편한 지경에 이르렀을 때, 조계사 신도회장직을 맡았다. 어머니는 걱정하는 자식들에게 이렇게 말했다.

"내일모레 죽을 할마씨한테 신도회장을 맡겼을 때는 좋은 일을 좀 더 하라고 한 것 아니겠니? 죽기 전에 내가 좋은 일 좀 하려고 맡은 것이니, 반대하지 말아라."

찾아오는 사람들이 설혹 거짓말을 해도 그대로 믿었고, 사람은 죽을 때까지 배워야 하고 겸손할 줄 알아야 한다며 보시 실천에 앞장섰던 어머니였다.

누리는 권력은 오래가지 못한다. 그러나 받드는 권력은 영원한 생명력을 발휘한다. 받드는 삶을 사는 사람이 진정한 보살이다. 김인숙 원장의 어머니가 그런 분이었던 것 같다.

어렵고 힘든 이웃을
도우며 살아라

이동한(사회복지법인 춘강 이사장)

　　말쑥한 양복 차림에 지팡이를 짚은 이동한 회장을 전라도 어느 절에서 처음 보았다. 얼굴은 바람 한 점 없는 들판처럼 평화롭고, 눈빛은 조용히 흐르는 강물처럼 깊어 보였다. 40대 중반의 그는 제주도에서 사업을 하며 장애인들을 돕는 일을 한다고 했다. '사회복지법인 춘강' 대표 등 명함에 박혀 있는 직함이 온통 남을 돕는 일이었다. 그 후로 인연이 이어져 간혹 그를 만나게 되었다. 볼 때마다 언행이 단정하고 흐트러짐이 없었다.

　　그러던 어느 날, 우연히 다리에 찬 보조기를 푸는 그의 모습을 보게 되었다. 얼핏 보았지만 어린아이처럼 가느다란 다리를 잊을 수 없다. 그의 다리 사용량이 건강한 사람의 40프로밖에 되지 않는다는 것을 나중에야 알았다. 그 가는 다리를 딛고 사업에 성공하고 장애인 복지를 위해 수많은 일을 해왔다고 생각하니, 그의 지팡이가 어느 고승의 주장자보다 더 거룩하고 위대해 보였다.

20여 년 넘게 보아오는 동안 그에게서 한 번도 성치 않은 몸 때문에 힘들고 어려웠다는 소리를 들은 적이 없다. 보통 사람보다 열 배는 더 왕성하게 활동하는 그에게 가장 많이 들은 소리는 '관세음보살'이지 않았나 싶다. 그에게 어머니에 대한 이야기를 듣고부터는 그가 부르는 '관세음보살, 관세음보살'이 '아, 어머니, 어머니'로 들렸다. 아마도 그에게 관세음보살은 곧 어머니를 의미하기 때문일 것이다. 일흔이 넘은 지금도 그는 어머니 이야기를 할 때면 목소리가 떨리고 눈시울이 붉어진다.

이 회장의 어머니는 마흔셋에 지아비를 잃었다. 소아마비 판정을 받은 막내아들이 세 살 때였다. 갑자기 가장이 된 어머니는 제주도에서 배로 열여섯 시간 걸리는 부산을 오가며 포목점을 경영해 자식 여섯을 키웠다. 부지런하고 강인한 어머니였으나 두 다리를 쓰지 못하는 막내아들이 늘 큰 아픔이었다. 그러나 손 놓고 있을 어머니가 아니었다. 어머니는 아들이 다섯 살이 되던 해에 아들을 업고 부산 가는 배를 탔다. 그리고 부산의 가장 큰 병원에서 8개월 동안 아들의 소아마비 치료에 전념했다. 그 후로도 제주도에 명의가 왔다는 소리만 들리면 달려갔다. 기어 다니던 아들은 어머니의 지극한 정성으로 양쪽에 보조기를 차고 지팡이를 짚으며 한 걸음씩 발을 떼기 시작했다.

일곱 살 때 처음으로 대문까지 힘겹게 20미터를 걸어서 집 앞에 펼쳐진 푸른 바다를 바라보던 어린 아들의 뒷모습을 어머니는 잊지 않았다. 내가 너를 좀 더 잘 걷게 하리라, 지혜롭고 강인한 사람으로 키워 남을 위해 큰일을 할 수 있게 하리라 다짐했다. 그것만이 어머니가 부처님께 드리는 서원이며 기도였다. 아들은 그 기도의 힘으로 성장했고, 머지않아 어머니의 서원을 현실로 이뤄냈다.

어머니는 오로지 '관세음보살'을 불렀다. 아들이 한글을 떼자마자 머리맡에 《천수경》을 놓아두고 읽고 외우게 했다. 어머니에게 부처님은 집안을 돌봐주는 막강한 수호신이자 의지처였다. 어머니는 모든 일을 기도로 해결했다. 아침에 일어나면 깨끗하게 손질한 흰 한복으로 갈아입고 장독에 물을 떠놓고 마당에서 떠오르는 해(일광보살)를 바라보며 절을 올렸다. 비가 오는 날엔 대청마루에 올라 기도를 드렸다. 저녁엔 항아리 물을 가득 부어놓고 부엌에 모신 조왕대신에게, 밤이 되면 치성광여래에게, 보름날엔 밤하늘로 환히 떠오르는 달(월광보살)을 향해 '그저 자손들이 총명하고 다재다능해서 부처님 성현들을 공경하고, 조상님께 효순하고, 형제간에 우애 있는 착한 사람이 되도록 해달라'고 기도했다.

어머니는 어려운 이웃을 돕는 것이 몸에 밴 분이었다. 배고픈 사람, 몸이 불편한 사람, 사정이 딱한 사람을 보면 그냥 지나치지 못했다. 밥을 한 끼라도 먹여 보냈고 잠자리가 없는 사람은 집으로 불러 재워 보냈다. 쌀을 들여오면 가장 먼저 부처님께 공양 올릴 것부터 담아놓고, 다음으로 제사와 명절 때 조상님 드릴 용도로 남겨놓은 뒤 나머지는 걸인 줄 쌀, 식구들이 먹을 쌀로 나누어 보관했다. 아픈 다리로 인해 밖에 나갈 수 없었던 아들은 늘 어머니 곁에서 이 모든 것을 지켜보았다. 어머니의 말씀, 일거수일투족이 다 가슴에 차곡차곡 쌓여 그의 것이 되었다. 그래서 자신이 아버지가 되었을 때 어머니와 똑같이 자식을 위해 기도하고, 어머니가 이웃을 섬겼던 자비 보살행을 장애인을 돕는 사업으로 이어갔다.

어머니는 아들을 조금이라도 더 잘 걷게 하고 세상에 꼭 필요한 사람으로 만들기 위해 지치지 않고 있는 힘을 다 쏟았다. 아들을 데리고 마당에서 걷기 연습을 시키던 어느 날, 미국에서 소아마비 수술을 전수받은 한국 교수들이 서울 병원에서 수술을 한다는 소식을 라디오 뉴스로 접하고는 그길로 아들 손을 잡고 서울로 향했다. 2년 6개월에 걸쳐 열여섯 번의 수술과 치료를 받는 대장정 끝에 아들은 한쪽은 보조기 착용으로, 나머지 한쪽은 목발로 평형을 유지하며 걸을 수 있게 되었다.

어머니의 이러한 헌신과 사랑 앞에 아들은 아무리 힘들고 괴로워도 물러설 수 없었다. 철없는 친구들이 '절뚝발이'라고 놀려대고, 운동회 때마다 서럽고 아프게 밀려왔던 소외감으로 몸을 떨었을 때도 가슴 아파할 어머니를 생각해 내색하지 않았다. 어머니는 아들이 말귀를 알아들을 때부터 늘 말씀하셨다.

"내가 항상 네 옆에 있어줄 수는 없을 테니 혼자 살 수 있는 길을 찾아야 한다. 무엇보다 배우는 일을 게을리하면 안 된다. 배워야 일을 하고 너 혼자 살아갈 힘을 얻을 수 있다."

어떻게 해야 혼자 살아갈 수 있을까? 이것이 이 회장에게는 평생의 화두였다. 혼자 살아갈 수 있어야 한다는 절박함은 모든 장애인과 그 부모들의 고민이자 숙제라고 한다. 어머니는 아들이 이를 잘 해결할 수 있도록 이끌었고, 아들은 장애인들의 대부가 되어 그들이 그 숙제를 풀어가는 데 큰 힘이 되어주었다. 이 회장은 장애인을 자식으로 둔 부모들에게 '자식에게 장애가 있다고 포기하지 말고, 사랑으로 품고 지속적인 관심을 가지고 기다리면 자식은 언젠가 자신의 재능을 발휘할 것이다'라고 조언한다. 자신을 믿어주고 헌신했으며 지혜롭게 이끌어주었던 어머니의 사랑을 경험했기 때문이다.

남보다 두세 배 부지런히 노력해야 내가 없어도 살아나갈 수 있다며, 어머니는 일요일에도 도시락 두 개를 싸놓고 새벽부터 아들을 깨웠다. 공사장에서 일하는 직원들보다 먼저 출근하고 늦게 퇴근해야 사람들을 통솔할 수 있다는 것이었다.

이러한 어머니의 말씀은 자립해야 한다는 의지는 물론, 현재에 안주하지 않고 더 도전해서 자신과 같은 장애인들을 돕고 살겠다는 꿈을 갖게 했다.

어머니는 항상 진실되고 부지런한 사람이 되라고 가르쳤다. 마음이 진실하면 하늘이 움직이고 근면하면 땅이 움직인다는 것이었다. 그리고 어렵고 힘든 사람을 도와주는 사람이 되라고 귀에 못이 박히도록 말씀하셨다. 그것은 어머니가 살아온 길이었다. 삶 자체가 진실되고 한평생 부지런했으며, 남을 돕는 데 앞장선 분이었다.

그런 어머니를 보면서 그는 자신처럼 아픈 사람을 치료해주는 의사의 꿈을 키웠다. 그러나 성치 않은 다리로는 불가능했다. 그래서 기술을 익혔다. 어머니의 수도대행 사업을 자주 돕다 자연스럽게 수도공사와 관련된 일이 눈에 들어왔고 스무 살에 계량사 자격시험에 합격해 제주도 최초 계량사가 되었다. 장애인들도 머리 쓰는 일을 할 수 있다고 생각하는 사람이 거의 없던 시절, 최연소 상수도 시공기술자 자격증을 딴 것은 어머니 덕분이었다.

아들은 상수도 사업과 택시미터기 사업으로 큰 성공을 이루었고 이것이 재정적 토대가 되어 스물세 살에 경제적으로 자립했다. 스물다섯에는 제주공항 조경 사업을 맡아 장애인 복지사업을 시작할 수 있는 물적 토대를 마련했다. 성치 않은 자식이 이만하면 됐지 하고 물러섰더라면, 제주도 최초의 장애인복지관을 설립하고 우리나라 최초이자 유일하게 장애인 복지에 필요한 교육사회, 의료, 직업재활을 갖춘 오늘날의 '사회복지법인 춘강'은 없었을 것이다.

"철심을 박은 다리에 지팡이를 짚고 일하며 번 돈이니 그냥 은행에 넣어놓고 편안하게 살라고 하셨으면 복지 일을 시작 못 했겠죠. 어머니는 아들이 하고자 하는 일을 무한히 신뢰하고 후원해주셨어요. 내가 죽고 없어도 잘 돌봐달라며 어머니 주변 분들에 인사시키며 부탁하셨죠. 저는 저대로 어머니에게 누를 끼쳐서는 안 되겠다는 마음으로 살다 보니 신용이 쌓여 살아가는 데 큰 힘이 되었습니다."

"어머니의 모든 원동력은 아무래도 부처님을 믿는 마음이었겠죠?"

"신심이 대단하셨어요. 어머니는 항상 어려운 절을 찾아다니며 도우셨어요. 어렵고 소외된 사람을 거두어들이는 곳이 절이기 때문에 무엇보다 절이 잘되어야 한다며 화주를 도맡아 하셨죠. 살기 힘든 시절에도 권선을 하며 어려운 분들이 복을 짓도록 이끄셨어요. 시주를 적게 할 수밖에 없는 분들에게 더 마음을 쓰셨죠. 어머니가 가는 절마다 사람들이 많이 모여들었고 어려웠던 절들이 금세 일어섰어요. 그러면 어머니는 다시 어려운 절로 발길을 돌렸는데, 돌아가실 즈음에도 저에게 당신 대신 어느 절을 도와주라고 부탁할 만큼 신심이 깊으셨어요."

어머니는 여든셋에 그토록 사랑했던 아들을 두고 세상을 떠났다. 이 회장은 7일장을 치르면서 단 한 방울의 눈물도 흘리지 못했다. 어떻게 하면 편히 잘 보내드릴 수 있을까 하는 생각으로 가득 차 있었기 때문이다. 스님 세 분을 모셔서 하루 네 번 정근하며 여법하게 어머니를 보내드렸다고 하니, 효자도 그런 효자가 없다는 생각이 들었다. 효심으로 살면 불심이 드러나게 되어 있다고 말하는 그에게 물었다.

"세상의 어머니들은 어떤 존재여야 할까요?"

"아이들은 부모의 뒤 꼭지를 보고 자라기 때문에 자식에게는 부모가 거울입니다. 내 뒷머리에 자식들이 보고 자라는 거울이 달려 있다고 생각하면 올바르게 살지 않을 수 없죠. 그러다 보면 자식들도 부모님을 닮게 되고 그들이 구성원이 되어 살아가는 사회도 자연히 밝아지죠."

이동한 회장의 어머니 오태인 여사야말로 세상의 큰 거울이었다는 생각이 든다. 자식이 비록 큰 장애를 가졌으나 포기하지 않고 지혜롭고 자비로운 사람으로 키워 어려운 이웃을 돕는 큰 인물로 만들어낸 어머니였으니, 장애를 가진 자식을 둔 부모들에게 오래도록 큰 귀감이 될 것이기 때문이다. 그의 어머니는 한평생 부지런하고 진실하게 살며 어렵고 힘든 사람들의 이웃이 되었던 진정한 관세음보살이 아니었을까 싶다.

그토록 간절했던
어머니의 기도

자광행 보살(화계사 시민선원)

　　자광행 보살은 여든을 훌쩍 넘겼지만 여전히
꼿꼿한 허리에 몸에 군살 하나 없다. 눈빛도 또렷하고 발걸음
이 얼마나 가벼워 보이는지 그 연세라고 믿을 사람이 없을 것
같다. 도반 한 사람이 '저분은 지금 이 걸음이 부처님 법에 맞
으면 걷고 법에 맞지 않으면 한 발자국도 움직이지 않을 만큼
철저히 수행하는 분'이라고 귀띔했다.
　　그녀의 하루는 새벽 네 시, 화계사 시민선원 선방에서 시작
된다. 세 시면 일어나 세수를 한 뒤 30분쯤 걸어서 선방에 온
다. 새벽길, 그녀의 곁엔 40년 지기 도반이 함께 한다. 한 동네
사는 도반의 나이도 어느덧 일흔여덟이다. 선방에 방부를 들
여놓고 하루도 빠지지 않고 정진하고 있다. 쉰아홉에 시작한
참선공부는 삶의 어려운 고비마다 그녀를 일으켜 세워주었

다. '나'를 찾는 수행이 그 무엇보다 위대하고 행복한 일이라고 확신하기에 비가 오나 눈이 오나 선방에 앉는다. 집으로 돌아가는 시간은 오전 열한 시. 하루에 최소 일곱 시간을 좌선하는 셈이다. 그녀는 이렇게 말한다.

"나이 먹는 것은 아쉽지 않으나 부처님께 입은 은혜를 다 갚지 못하고 죽을 것 같아 그것이 한스럽습니다."

자광행 보살의 불교 입문은 어머니의 불심에서 시작되었다. 어머니는 마흔 살 즈음에 아들을 북으로 보냈다. 아니, 의용군으로 입대하겠다는 아들을 잡지 못했다. 1950년, 한국전쟁이 일어난 직후였다. 고목나무 밑에서 열다섯 살 어린 아들을 붙들고 울며 말렸다.

"네가 이 집안 맏아들인데 어쩌려고 그러니?"

"학교 형들과 운명을 함께하는 일이라 나 혼자 빠져나올 수가 없어요. 엄마, 꼭 살아 돌아올게요. 혹시 내가 죽는다 해도 남동생이 있잖아요."

주문진에서 초등학교를 마치고 서울 최고의 명문인 경기중학교에 들어간 아들은 어머니의 자존심이자 자랑이었다.

"전쟁 당일이었어요. 나는 그때 아홉 살이었는데 당시 일이 또렷하게 기억나요. 아버지가 강원도 어업조합 이사장으로 계셨는데 서울로 발령이 나서 먼저 서울에 가 계셨고 우리는 그날 이사하려고 준비 중이었어요. 그런데 전쟁이 난 거죠. 조합에서 트럭을 마련해 우리 식구를 태워 서울로 보냈는데 홍천쯤 가다가 인민군에게 잡혀 차를 빼앗기고 걸어서 서울로 올라왔어요. 올라와 보니 아버지는 인민군을 피해 어디론가 피신해 계셨고 오빠만 있었는데, 다음 날 의용군에 지원해서 간 거죠."

천재 소리를 들을 만큼 명석했던 아들이 전쟁의 포화 속으로 사라지자 어머니는 넋이 나간 듯 절에서 살다시피 했다. 절에 다니며 스님의 법문을 듣고 아들을 위해 기도하는 것만이 유일한 희망인 것 같았다.

피난지 부산에서의 일이다. 추운 동짓날이었다. 아들을 전쟁터로 보낸 날부터 여든네 살에 돌아가실 때까지 어머니는 절에 갈 때면 차디찬 물에 목욕하고 깨끗한 옷을 입고 집을 나섰다. 그날도 여느 때와 마찬가지로 새벽에 우물가에서 찬물로 머리를 감고 몸을 씻었다. 그 모습을 본 아버지가 울었다.

"모성애가 저리도 무섭구나."

아버지가 흐느끼는 소리를 듣고 잠에서 깬 아이들은 집에 무슨 일이 생겼나 싶어 가슴을 졸였다. 그러나 추운 날 절에서 돌아온 어머니의 손은 말할 수 없이 따뜻했다. 그 후로 어머니는 홍역으로 아들 둘을 더 잃고 딸 다섯을 키우며 생사를 알 수 없는 아들을 기다렸다. 전쟁이 끝나도 아들은 돌아오지 않았다. 절망하지 않고 어머니는 기도했다. 오로지 아들의 안위를 위한 기도였다. 매일 읽는 《불자지송》 책이 너덜너덜해져서 몇 권이 떨어져 나갔고, 손에서 떠나지 않던 우툴두툴한 염주는 반들반들해졌다. 어머니가 늘 입에 달고 살았던 진언(주문)은《천수경》의 '신묘장구대다라니'였다.

자광행 보살은 어릴 때부터 어머니의 길잡이 노릇을 하며 어두운 새벽 산길을 걸어 절에 다니곤 했지만 어머니의 불교가 마음에 들어오지 않았다. 쪽 찐 머리를 하고 알아들을 수 없는 주문을 외는 어머니를 보면 불교를 좋아했던 사람도 달아날 것만 같았다. 그러다가 본격적으로 불교 공부를 시작한 것은 결혼 뒤 남편을 하늘로 보내고 자식을 키우면서 삶이 만만치 않음을 겪고 나서였다. 마음의 안위를 위한 종교가 필요했다. 동국대학교 불교대학 교재인《불교학개론》을 구해서 옥편을 옆에 놓고 한자를 찾아가며 공부했다. 성경도 공부했다. 두 책을 나란히 놓고 공부하던 어느 날, 참나를 찾는 마음 공부가 핵심인 불교를 선택했다.

어머니가 책장이 닳도록 읽었던《천수경》을 공부해보니 어머니의 수행을 이해할 수 있었다. 사람이 살아가면서 지녀야 할 '참회와 감사와 발원'이 거기에 다 들어 있고, 의상대사의《법성게》에는 우주의 진리가 다 담겨 있었다. 지금도 참선이 잘 안 될 때면《법성게》를 외우곤 한다. 그만큼 신심을 북돋아 주었다.

불교 공부를 본격적으로 시작하고 나서는《천수경》,《법성게》,〈이산혜원선사 발원문〉만 이해한다면 누가 등을 떠밀어도 불교를 떠나지 못할 것이라고 확신했다. 마음을 먹으니 공부할 기회가 열렸다. 대원불교대학에서 기초를 다졌고, 봉선사에서 10년 동안《능엄경》강의도 들었다. 신심이 깊어지자 자연히 포교에도 열을 올리게 되었다. 3년 동안 시각장애인인 타 종교인 부부를 데리고 새벽기도에 안내했다는 이야기는 인구에 회자되고 있다. 참선 공부를 시작하고부터는 안거를 거르지 않고 도반들과 함께 공부했다.

《금강경》을 읽고 있던 어느 날 어머니가 지나다 보고 말씀했다.

"결혼한 뒤 아들 둘을 잃고 도저히 마음을 잡을 수가 없어서 교회당에 나간 적이 있어. 그런데 거기 목사님 설교를 들어보니까 불교보다 나을 게 없더라. 그래서 다시 절로 돌아왔지. 너도 경전을 올바로 봐야 한다."

딸은 그때 처음 어머니가 전쟁 중에 잃은 아들 둘 말고 그전에 아들 둘을 더 잃었다는 것을 알았다. 그리고 어머니의 불교가 맹목적으로 복만을 비는 종교가 아니었다는 것도 알았다. 어머니는 아들 넷을 가슴에 묻고 하나 남은 아들과는 생이별을 한 자신의 삶을 인과법과 연기법으로 이해했던 것이다. 고등교육을 받은 자신의 지식이 어머니의 불교보다 한 수 아래임을 깨달은 딸은 그때 진심으로 어머니에게 감동했다.

어머니는 결국 북으로 간 아들의 생사를 모른 채 돌아가셨다. 40년을 한결같이 기도하며 기다리다가 눈을 감았다. 돌아가실 즈음에《지장경》을 사경한 것 말고는 오로지《천수경》을 읽고, '신묘장구대다라니'를 외우고 관세음보살만을 염했다.

돌아가기 직전에 잠시 북한과 화해 모드가 형성된 적이 있었다. 남한 대통령이 북한의 김일성과 만날 예정이라는 뉴스가 나오자 어머니의 눈빛이 반짝였다. '남북 이산가족 찾기' 뉴스가 한창일 때도 어머니는 텔레비전 안으로 들어갈 것처럼 온 관심을 기울였다. 그러나 아들을 만날 기회는 오지 않았다. 큰사위가 위로했다.

"처남을 보고 가셔야죠. 곧 기회가 올 것 같아요."

"희망을 걸고 있는데 잘 되려나 모르겠네."

어머니의 눈빛에 아들을 만날 수 있기를 바라는 간절함이 가득했다. 10년 후, 어머니 대신 판문점에서 여동생 넷이 오빠를 만났다. 오빠 쪽에서 '남북 이산가족 상봉'을 신청해서 만나던 날, 자광행 보살은 어머니의 손때가 묻은 염주와 경전을 가지고 나갔다. 어머니가 아들을 위해 얼마나 절절히 기도했는지 알려주고 싶었다. 나달나달해진 책과 수없이 돌려서 반들거리는 염주를 보면서 아들은 이렇게 말했다.

"원산폭격 때 함께 전투에 나갔던 사람들이 다 죽었어. 나는 총알이 넓적다리에 박혀 일어나지 못하고 있는데 의사들이 시체를 헤치고 지나다가 내 신음 소리를 듣고는 와서 보더니 '아이구, 어린애구나' 하더라. 안됐는지 병원으로 싣고 가서 수술을 해주었어. 간호사 열 명이 교대로 수혈을 해줘서 살아났지."

그 말을 듣는 순간 네 자매의 눈빛이 한곳으로 모아졌다. 그리고 무언으로 말했다.

'그토록 정성스럽고 간절했던 어머니의 기도가 아들을 살렸구나! 부처님은 시방삼세 어디에도 아니 계신 곳이 없구나!'

아들은 2, 3년 안에 통일이 될 거라면서 그때 만나면 염주와 책을 달라고 했다. 보관하기 어려운 사정임을 알아채고 큰딸이 동생에게 말했다.

"어머니는 오매불망 너를 기다리다가 돌아가셨으니 이제부터 제사는 네가 지내라. 맹물에 밥 한 숟갈 얻어 잡수셔도 아들인 네가 제사를 지내는 게 좋겠어."

그 후 자매들은 고개를 끄덕이며 눈시울을 적시던 어머니의 아들을 다시 보지 못했다. 어느 도시 자동차 공장장을 지내고 당시 공장에서 자동차 기술에 대한 강의를 하며 지낸다는 그가 아직 살아 있다면 벌써 여든 중반을 훌쩍 넘어선 나이다. 생사가 본디 없다고 했으니, 지금 두 모자는 어딘가에 함께 있을 것이다. 어머니 정숙진(능인화) 여사가 그렇게 평생 기도했으니까.

네 걸음으로 가고 싶은 곳에
갈 수 있기를

최명숙(장애인 불자 모임 '보리수아래' 대표)

장애인 불자 모임인 '보리수아래' 최명숙 대표는 청정한 미소와 함께 담백한 언어로 어머니와의 추억을 풀어냈다. 그 모습을 보면서, '아하, 어머니도 저리 맑은 모습으로 딸을 키우셨겠구나' 하는 생각이 들었다. 예순이 넘은 그녀에게서 뇌성마비 장애로 걸음이 수월치 않은 초등학생 딸을 업고 등교시켰다는 어머니의 모습이 연상되었다. 추운 겨울 어느 날, 찻집에서 이뤄진 인터뷰 내내 가슴이 따뜻하고 뭉클했다. 어머니의 분별하지 않는 사랑이 자식의 일생을 얼마나 견고하고 풍요롭게 하는지를 발견한 자리였다.

열 달을 다 채우지 못하고 아이가 세상에 나왔다. 강원도 두메산골 집에서 난산으로 낳은 아이는 돌이 지나도 목을 잘 가

누지 못했다. 팔다리가 제멋대로 움직였다. 걸음도 제대로 걷지 못했고 말도 시원스레 하지 못했다. 어디 뼈가 잘못되었는가 하고 엄마는 아이의 고사리 같은 손가락 마디마디를 만져보았다. 병원에 데리고 가니 의사가 '조산아라 발육이 늦어서 그러니 기다려보라'고만 했다. 더 크면 좋아지겠거니 했다. 태어나면서 뇌 손상을 입은 뇌성마비라는 것을 초등학교 3학년 때야 알았다.

아이는 여섯 살이 되어서야 겨우 문지방을 잡고 일어섰다. 엄마는 마당에 싸리나무로 울타리를 쳤다. 울타리를 잡고 놀다 보면 다리에 힘이 생기고 걷는 훈련도 되겠다 싶어서였다. 까치발 걸음으로 아이는 울타리를 짚고 마당 둘레를 몇 번씩 돌며 놀았다.

사립문과 나무 울타리, 집 앞의 개울과 징검다리, 새들이 집을 지었던 뒤뜰, 김매는 어머니를 따라가서 놀던 고구마밭은 또래 아이들과 뛰어놀기 어려웠던 딸에게 좋은 놀이터가 되어주었다. 자연스레 물리치료 장소도 되었다.

아홉 살이 되어서야 아이는 초등학교에 입학했다. 어머니와 아버지가 다녔던 2층 건물의 작은 초등학교였다. 너무 가벼운 딸을 업고 학교로 가는 길에 젊은 엄마는 말하곤 했다.

"엄마는 다른 건 안 바래. 네 걸음으로 네가 가고 싶은 곳에 갈 수 있으면 좋겠어. 너와 같이 몸이 성치 않은 사람들을 위로해주는 일을 하고 살아가길 바라며 기도한단다."

그리고 이런 말씀도 하셨다.

"저 아래 절에 사시는 스님이 그러셨어. 모든 것은 다 네 마음에서 이루어지고, 바른 마음을 간직하고 살면 좋은 인연이 찾아올 거라고. 너에게 이 말을 자주 해주라고 하셨단다."

이 말은 장애로 인해 몸이 자유롭지 못한 딸을 가진 어머니가 스스로에게 다짐한 평생 기도문이었다. 그리고 결국 그 간절한 기도대로 딸은 가고 싶은 곳을 갈 수 있었고 장애를 가진 사람들을 위해 봉사하는 삶을 살 수 있었다.

아이의 놀이터가 또 하나 있었다. '지금 네 발로 걸을 수 있어야 나중에 네가 하고 싶은 일을 할 수 있다'는 말을 주문처럼 외웠던 어머니는 걸음이 몹시 더딘 딸의 손을 잡고 절에 올라가는 구불구불한 길을 오래 걸었다. 그것은 훌륭한 걸음 연습이 되었다. 법당에 내려놓으면 아이는 뒤뚱거리면서도 법당 안을 돌아다녔다. 부처님의 얼굴을 만져보려고 불상에 손을 뻗는 아이를 제지하는 어머니에게 그냥 놔두라 하시던 스님의 따뜻한 미소, 절 앞마당에 따사롭게 내리쬐던 햇살들이 아이를 불교에 친숙하게 다가가게 했다.

"제가 성인이 되었을 때 어머니께 들었어요. 초등학교에 입학하고 매일 업어서 학교에 데려다주시다가 농사철이 되자 매일 그럴 수가 없어서 하루는 개울만 건너주고 혼자 가게 했나 봐요. 몇 번 넘어지더니 혼자 잘 가더래요. 그날 가만히 뒤따라 왔던 어머니가 운동장에 서서 얼른 들어가라며 손짓하시던 모습이 아직도 선해요. 30대의 어머니가 장애인 딸을 키우며 느꼈을 아픔을 생각하면 너무 가슴 아파요. 어떻게 하면 우리 딸이 사람들에게 존경받으며 잘 살 수 있을까 고민하다가, 다니던 절의 스님에게 맡겨 출가를 시킬까 생각해보신 적도 있었던 것 같아요."

초등학교 2학년 때 서울로 전근하신 아버지를 따라 춘천 시골집을 떠나 식구들 모두 서울로 왔다. 어머니는 따로 학교에 찾아가 장애가 있으니 잘 봐달라는 부탁을 하지 않았다. 걸음이 이상하다고 놀리는 애들이 많다는 걸 알면서도 자식을 붙들고 '네가 참아라' 이런 말도 하지 않았다. 무심히 대하는 게 아이의 내면을 단단하게 만드는 길이라고 믿었기 때문이다. 이러한 어머니의 믿음은 학교공부도 잘하고 글도 잘 쓰는 아이로 만들었다.

서울에 온 뒤 어머니는 딸 하나와 막내로 아들을 낳았다. 그래서 1남 4녀가 되었다. 어머니는 동생들이 장애를 가진 언니를 무시하지 않도록 맏딸에게 짐짓 심부름을 시켰다. 설탕 등 소소한 물건이 떨어지면 맏딸을 불러 구멍가게에 가서 사 오도록 했다. 발음이 정확하지 않아서 가게 주인이 싫어하는 것을 알면서도, '언니가 몸은 불편해도 너희들처럼 잘할 수 있다'는 걸 보여주고 싶었을 것이다. 남들이 무시하는 것보다 동생들이 무시할까 봐 염려했던 것을 나중에 커서 알았다.

"할 수 있는 것은 하고, 못하는 것은 억지로 할 수 있다고 하지 마라."

그래서 어머니 말씀대로 체육시간에도 달리기는 했고 철봉은 할 수 없다고 말씀드렸다. 당시 학교 전체에 소아마비 학생이 서너 명, 뇌성마비 학생은 혼자였다. 그런데 악동은 어디에나 있는 법. 화장실까지 따라와 놀리는 아이들이 있었다. 속은 상했지만 심각하게 받아들이진 않았다. 사랑으로 대해주는 가족과 착한 친구들이 있었기 때문이다. 학년이 올라갈 때마다 다정한 친구가 나타났다. 가방도 들어주고 미처 준비하지 못한 준비물도 나누어 주었다. 놀리는 아이 열 명에 대한 속상함을 그 착한 친구 하나가 상쇄해주었다. 불보살님이 보내준 선물 같았다.

그런데 친구들에게 받는 놀림보다 더 마음에 상처를 준 것은 선생님들의 태도였다. 읽거나 말하는 속도가 늦다는 이유로 어떤 선생님은 아예 발표할 기회조차 주지 않았다. 그럴 때면 말할 수 없는 아픔이 몰려오곤 했다. 학과목마다 선생님이 다른 중고등학교 때는 더했다. 아예 무시하고 발표를 시키지 않는 선생님도 있었다. '이런 장애를 가진 아이도 있구나' 하는 표정으로 바라보는 선생님들의 태도가 아이들의 놀림보다 심적으로 더 혼란스럽고 힘들었다. 그럴 때 위안을 준 것이 불교학생회 활동이었다.

가끔 하루가 형편없었다는 생각이 들어 힘들 때면 동대문에 있던 학교 앞에서 버스를 타고 조계사에 다녀오곤 했다. 포교사로 유명했던 무진장 스님에게 계를 받은 조계사 법당에서 부처님께 '잘 이겨낼 수 있게 해주세요' 하고 두 손 모아 기도하고 돌아오면 마음이 가라앉곤 했다. 일주일에 한 번씩 있던 법회가 기다려졌다. 지도법사 김재영 선생님이 빌려주신 《불교성전》은 다 읽지 못했다는 핑계로 여태껏 반납하지 못했는데, 지금 그 책은 재산목록 1호로 간직하고 있다. 불교학생회에서 불교를 배우고 마음공부를 했던 것이 훗날 장애인 불자모임을 만들어 운영하는 토대가 되었다.

"속상한 일이 있을 때 어머니에게 털어놓진 않았어요?"

"어머니가 마음 아파 하실까 봐 말씀드리지 못했어요. 대학 면접시험을 볼 때였는데, 시험관인 교수님이 받아쓰기를 시키듯이 문장을 불러주며 글씨를 써보라고 하더군요. 이 학생이 글씨나 제대로 쓸 수 있으려나 의심했던 것 같아요. 몇 년이 지나 제가 대학에 가지 못한 걸 아쉬워하던 어머니에게 이 얘기를 했더니 너무 놀라시면서 '어떻게 나한테 그 얘길 한 마디도 안 했느냐'고 하셨어요. 그 뒤로는 대학에 가라는 얘기를 안 하셨죠."

고등학교를 졸업하고 장애인단체 뇌성마비 모임을 이끌면서 자원봉사를 했다. 그러다가 등단해서 시집을 냈는데 어머니는 글로 사람들을 위로할 수 있는 좋은 길을 찾았다며 무척 기뻐하셨다. 삶의 모진 바람에 흔들릴 때마다 글쓰기가 딸을 견고하게 잡아줄 것이라고 여겨 안심하셨을 것이다.

어머니는 쉰두 살에 위암으로 돌아가셨다. 너무 이른 이별
이었다. 서른 살의 맏딸은 동생들 앞에서 눈물을 흘리지 못했
다. 평소 '장애가 있는 큰언니, 큰누나여도 너희들이 어려울
때 의논하는 상대가 되었으면 좋겠다'고 말씀하신 어머니의
마음을 잊지 못한 까닭이다. 그 후로 최 대표는 동생들에게 어
머니 역할을 했다. 직장생활을 하면서 동생들 학비도 보탰고
혹시 결혼해야 할 동생들에게 자신의 장애가 누가 될까 싶어
독립해서 살았다.

최 대표는 어머니가 돌아가시고 방송통신대에 입학해 문학
을 공부했다. 그리고 25년 동안 한국뇌성마비 복지회에서 일
했다. 직장생활을 하면서 2005년, 장애인 불자모임인 '보리수
아래'를 만들었다. 전국에서 모인 뇌성마비, 소아마비 장애인
불자들이 월 1회 정기모임을 가지고, 연 1회 정기공연을 하고
있다. 회원들의 문학 작품집과 음악 작품 제작도 했다. 회원들
을 설득해 재적사찰 등록하기와 사찰마다 장애인 고용 추진
운동에도 주력했다. 장애를 가진 사람을 위해 봉사하는 삶을
살 수 있기를 발원했던 어머니의 기도대로 이뤄진 셈이다.

"장애를 가져서 어떻게 하느냐는 이야기를 한 번도 입 밖에
내지 않으셨던 어머니였어요. 고생만 하시다가 가셔서 마음
아파요. 중학교 때 등교 버스에 올라 제 가방을 내려놓고 내리

시다가 넘어진 적도 있어요. 저 때문에 고생을 많이 하셨는데, 어디 그것뿐이었겠어요?"

눈시울을 붉히며 고백한 최명숙 대표의 말이 모든 자식들의 심정을 대변하는 것 같았다. 어머니라는 존재 앞에 서면 언제나 고맙고 미안한 우리 자식들의 마음을.

…

어머니의 등에 업혀 가던 등굣길
그 길 위의 나무들과 모든 새들 꿈을 노래했었지
어린 나는 잘 몰랐었어
하지만 나의 어머니는 알고 계셨지
바람 속에서도 나의 꿈이 커갈 것을
— 최명숙, 〈어머니의 노래〉 중에서

낡은 금강경

보우 법사(산청 선림사 지도법사)

　　《지장경》의 〈지장보살 예찬문〉을 읽으며 100일 정진 중이다. 무명 속에 살아온 날들을 참회하고 싶어질 때 하는 기도다. 예찬문을 보면 지장보살의 공덕을 찬탄하는 이런 대목이 나온다.

　온갖 액난 구하심은 부모와 같고 겁약한 이 숨겨줌은 숲과 같아라. 목이 마른 사람에게는 청량수 되고 굶주리는 사람에게는 과일이 되며 옷이 없는 사람에게는 의복이 되고 더위 속의 사람에게는 큰 구름 되며, 가난 속의 사람에겐 여의보가 되고 공포 속의 사람에겐 의지처가 되며, 모든 중생 모든 선근 두호하시며 묘한 경계 나타내어 즐겁게 하고, 중생들의 참괴심을 더하게 하며 복과 지혜 구하는 이 만족케 하네.

마음과 중생과 부처가 하나라고 하니, 이 내용을 읽고 또 읽으며 기도하다 보면 지장보살이 되어 있지 않을까 싶다. 그러나 그게 어디 쉬운 일인가. 지혜와 자비심을 닦는 깊은 수행 없이는 요원한 일이다. 이 내용을 대할 때마다 떠오르는 지장보살과 같은 분이 있다. 선림사 보우普雨 법사가 그 주인공이다.

지난 부처님오신날, 지리산 산청의 선림사에는 1000여 명의 사람들이 모여 법석을 이루었다. 아들딸, 며느리 사위, 손자 손녀들이 함께 와서 축제처럼 하루를 즐기다 돌아갔다. 한 달에 한 번 있는 가족법회 때도 가족들이 함께 와서 법회를 보고 간다.

이 모두의 중심에 보우 법사가 있다. 그녀는 새벽 두 시면 일어나 절 수행을 하고, 절에 와 기도하고 있는 신도들과 새벽예불을 본다. 사시예불과 저녁예불을 빼놓는 법이 없다. 남녀노소 많은 사람들의 인생 고민을 귀 기울여 듣고 나서 함께 기도하고 정진하는 것으로 그들과 함께한다.

출가자보다 더 출가자처럼 살아가는 보우 법사. 그녀에게 어머니 이야기를 듣는데 마치 보우 법사 자신의 이야기를 듣는 듯했다. 어머니는 새벽 세 시면 깨어 있었다. 맑은 물을 떠놓고 아버지와 함께 기도하는 모습을 보고 자랐다. 낮에 잠시라도 누워 있는 것을 보지 못했다. 연세 들어 병원에 입원하셨을 때도 눕지를 않자 의료진들이 무슨 문제가 있는 것 아닌가 의심했을 정도다. 누우면 잠이 올까 봐, 게으른 마음이 들까 봐 평생 눕지 않은 분이다.

어머니는 임업을 하는 아버지를 도우며 10남매를 키웠다. 집에서 일하는 분들이 다른 데서 새경을 많이 준다고 해도 떠나지 않고 평생 함께 일했던 것은 어머니의 넉넉한 인품 때문이었다. 주인과 인부들의 밥상이 언제나 똑같았다.

"어머니의 눈에는 모든 사람이 다 선해 보였던 것 같아요. 남의 허물을 얘기한 적이 없으세요. 제가 어렸을 때, 동네에 잔치가 열렸는데 새색시가 호박꽃처럼 못생겼다고 마을 사람들이 수군대자 어머니가 '참 복스럽게 생겼던데 왜 그런 말들을 하지' 하시던 모습이 생각나요. 자식이 학교에서 상을 받아 와도 자랑 한번 하지 않으셨어요. 좋은 일이 있을수록 고개를 숙이라고 하셨죠. 자식들이 뭘 잘못하면 여러 사람 앞에서 지적하지 않고 따로 불러 말씀하셨는데, 그렇게 형제들 앞에서 자존심을 지켜주셨던 것 같아요. 답답할 정도로 말씀이 없으셨지만, 언제나 세밀히 자식들을 보고 계셨죠. 뿌리가 드러나 흙이 필요한 나무에 거름을 주어야 하는 것처럼 부모도 그런 존재라고 생각하며 자식을 키우셨어요."

"신행생활은 어떠셨나요?"

"언젠가 어머니가 쓰던 책상 서랍에서 공책 하나를 발견했는데, 빼곡하게 '관세음보살'만 쓰여 있더라고요. 자식 열을 키우고 모두 대학까지 공부시켰으니 얼마나 힘이 드셨겠어요. '관세음보살'을 쓰면서 견디셨구나 생각했죠. 어머니가 읽으시던《금강경》책을 본 적이 있는데 휴지 조각처럼 너덜거렸어요. 따로 불교 공부를 하신 것도 아닌데, 뜻을 알고 보았겠어요?《금강경》은 그 자체가 광명이니까 내면으로 그 빛이 스며들었겠죠. 힘들 때 보고 또 보면서 어려움을 삭이셨던 것 같아요."

그런 어머니인데 고등학생인 딸이 절로 들어갔을 때 심정이 어땠을까.

보우 법사가 출가를 단행한 것은 고등학교 2학년 때였다. 학교 공부가 도무지 흥미롭지 않았다. 외워야 하는 문과 과목은 재미가 없었고, 수학은 답이 궁금하지 않았다. 같은 반 친구들이 입을 열어 말하는 것을 본 적이 없다고 말할 정도로 묵언하며 지냈다. 수업 시간에 가만히 앉아 선생님의 강의를 듣고 있노라면 이런 생각이 들곤 했다.

'내가 왜 여기 앉아 있나?'

자신이 있어야 할 곳이 학교가 아닌 것은 분명했다. 늘 산이 그리웠다. 그러다가 책방에서《불교성전》과 조사들의 어록이 담긴 책들을 사서 보게 되었다. 흥미진진했다. 네 가지 진리와 팔정도, 청정한 삶, 지혜의 성취, 보살의 일상생활 등이 담긴

《불교성전》을 밑줄 쳐가며 읽었다. 참선에 대한 경책은 너무 읽어 외우다시피 했다. 잠이 오지 않았다.

'반드시 스승을 찾아 그 한 스승의 가르침에 집중하라.'

책 속의 그 내용을 보고는 드디어 출가를 결심했다. 스승을 찾아 집을 나와 해인사로 갔다. 그런데 해인사는 남자들만 받아주는 곳이었다. 쫓겨나다시피 집으로 돌아왔다가 지리산 대원사로 갔다. 비구니 스님들만 사는 대원사에서의 행자생활은 말할 수 없이 좋았다.

"새벽이 너무 좋았어요. 다들 아침에 일찍 일어나는 것에 곤욕을 치르기 마련인데, 저는 어머니 배 속에 있을 때부터 새벽에 일어났기 때문에 문제가 되지 않았어요. 새벽 예불할 시간이 부모님이 기도하는 시간이었으니까요. 아침 일찍 예불하고 풀 뽑고 경을 읽는 시간들이 행복했어요."

"그런데 왜 하산하셨나요?"

"몇 달이 지나자 아버지가 데리러 오셨어요. 아버지는 공부가 절에만 있다고 생각하지 말라고 하시며 앞으로 마을에서 네 뜻을 펼 날이 올 거라고 하셨어요. 사람은 결혼해서 아이도 낳아보고 해야 인생을 깊이 이해할 수 있고 진정한 사람이 된다며 출가를 전부로 생각하지 말라고 설득하셨어요."

"보통 마음으로 절에 들어간 것이 아닐 텐데 금방 설득이 되셨나요?"

"산에서 내려오지 않으면 산에 불을 지르겠다고 하시더군요. 아버지는 거짓말을 못 하시는 분이에요. 정말 불을 지르실 것 같았죠. 그래서 제가 내려가면 되지 산에 불은 왜 지르느냐고 하고는 짐을 쌌어요. 아버지는 평소 자식들에게 '발걸음을 내딛을 때 두 발을 조심하며 정도正道를 가라'고 가르치신 분이에요. 대원사 스님이 아버지를 만나 말씀을 들어보시더니 아버지가 보통 분이 아니니 아버지 말씀에 따르라고 하시더군요. 당신이 쓰던 큰 염주를 제 목에 걸어주곤 내려가라고 하셨어요."

"집에 돌아오니 어머니는 뭐라고 하시던가요?"

"아무 말씀 없으셨어요. 매사 분별이 없고 사람을 힘들게 하지 않는 분이세요. 오로지 기도하고 일만 하신 분이죠. 어머니는 삶의 모든 이치를 꿰뚫어 보고 예지력이 뛰어났던 분이에요. 제가 어떤 길을 갈지 알고 계셨죠."

세간으로 돌아와 여전히 재미없는 고등학교 생활을 끝내고 대학에 들어갔다. 그곳에서 철학을 공부하던 남자를 만났다. 세간에서도 수행하며 살 수 있도록 도와줄 것 같은 품이 너른 그 남자에게 청혼했고, 결혼해서 두 아이를 낳았다. 아이들을 키우며 '부모로부터 오기 이전의 본래면목'을 화두로 들고 정진했다. 매일 1080배는 기본이고 3000배, 5000배, 만 배를 수시로 했다. 그 과정에서 수많은 수행 체험을 하면서 고통받는 중생들과 함께 살아갈 것을 서원했고, 훌륭한 스승을 만나 장애 없이 공부할 수 있기를 기도했다. 지성이면 감천이라 했던가. 그러던 어느 날 드디어 그 한 스승을 만났다.

　김천 수도암에서 절 수행을 하며 백중기도를 하고 있을 때였다. 백중일에 수도암에 다니러 온 해인사 큰스님 앞에서 무릎을 꿇고 그동안 공부하는 과정에서 일어났던 경계들을 말씀드렸다. 묵묵히 듣고 있던 큰스님이 입을 여셨다.

　"퇴설당으로 한번 오너라."

　"가게 되면 누구라고 하고 들어가야 합니까?"

　"성품을 활연히 깨치다, 활연성豁然性이 왔다고 일러라."

　그 자리에서 법명을 준 스승은 해인사 방장과 종정으로 계시던 법전 큰스님이다. 그렇게 평생 염원이던 스승을 만나 퇴설당으로 찾아갔을 때 스승은 공부하는 방법을 일러주시고는 '다음에 올 때는 가족을 데리고 오라'고 했다. 교사인 남편, 연년생인 고등학생 남매를 데리고 갔더니, 중국의 방거사 가족 모두가 견성한 이야기를 들려주었다. 그리고 발심해서 철저히 공부하면 얼마든지 방거사 가족처럼 견성할 수 있다며 가족 모두 출가하기를 권하셨다.

　평범하지 않은 가족임을 꿰뚫어 보셨던 것이다. 차를 마시면서 항상 진리에 관한 이야기를 나누던 가족이었다. 세속에서의 부귀영화에 대한 이야기는 전혀 없었다. 남편은 아내가 공부할 수 있도록 최선을 다했고 때로는 아내보다 더 열심히 마음공부를 했다. 당신에게 언제나 산 냄새가 난다며 언젠가

산으로 보내줄 테니 서두르지 말라고 했다. 아이들은 엄마가 300일 동안 하루도 빠지지 않고 매일 만 배 수행을 할 때, 학교에서 돌아오면 엄마 곁에서 절을 하며 엄마를 응원했다.

이미 중학교 2학년 때 출가를 선언했던 딸은 그 후 호주로 유학 가 국제학을 공부하고 돌아와 출가했다. 법전 큰스님이 손수 머리를 밀어주셨다. 이례적인 일이었다. 가족들은 그날 그 자리에서 들었던 큰스님의 말씀을 간직하고 있다.

"진정한 신심을 가져야 한다. 잡담하지 말고 적게 자라. 부지런해야 공부를 이룰 수 있으니 게으르지 말고 정진해라. 자성을 깨치고 사는 진리의 길만이 영원한 행복이다."

손녀딸의 출가를 두고 할머니는 어떻게 그렇게 특별한 생각을 했냐고, 너에게 꼭 맞는 길을 선택했다고 좋아하셨다. 그 옛날 잠시 출가했던 딸에게 하고 싶었던 말씀 아니었을까 싶다.

"어머니가 지금 여든다섯이신데 여든둘까지 108배를 하셨어요. 어머니 절하시는 모습은 모든 분들에게 보여드리고 싶을 만큼 진실한 모습 그대로세요. 절하는 걸 보면 그 사람의 한 생이 다 드러나거든요. 우리 자매들이 모이면 어머니처럼만 살 수 있다면 인생 성공이라고 말하곤 하죠."

보우 법사는 개인으로서의 삶이 없다. 몸과 마음이 불편한 사람을 위해 기도하고 자신을 찾아오는 사람들과 정진하며 산다. 어떤 순간에도 시비분별 없이 친절한 자비심만을 행할 뿐이다. 오로지 일하고 기도만 하며 사셨던 그녀의 어머니와 똑같은 삶을 살고 있는 것이다. 모전여전 아닌가.

삶의 수많은 길에서
다시 만나리

며칠 전 직장에 다니는 작은 딸아이가 톡을 보내왔다. 이제 막 시작한 마음공부 강의를 듣고 돌아오면서 보낸 짧은 문자 내용은 이랬다.

'오늘 강의 듣다 눈물이 났어. 벅차오름을 느꼈어. 기적 같은 강의야. 무슨 복을 타고난 건지 모르겠어.'

문자를 보는 순간 잔잔한 기쁨이 일었다. 진정한 도반이 되었다는 느낌이라고 할까. 엄마는 자식이 좋다면 그것으로 그만이다. 더구나 마음공부에 발을 들여놓았다면 더 이상 바랄게 없다. 나의 어머니도 그러셨을 것 같다. 시아버님이 돌아가시고 나서 나와 남편이 매일 경전을 읽으면서 절을 할 때 '두 사람 모습이 보기 좋구나' 하며 흐뭇해하셨던 기억이 난다. 내가 수행자분들에 대한 글을 쓰고 책을 낼 때도 무척 기

뻐하셨다. 노인정의 친구분들에게 자랑하며 책을 선물하기
도 했다.

부모가 되어 자식을 길러보니 어머니의 심정을 더 잘 알 것
같다. 자식이 마음 편한 것, 자식이 성장하는 것을 지켜보는
것보다 더 좋은 것은 없다. 배우지 못한 것을 늘 아쉬워했던
어머니는 당신보다 많이 공부한 자식들을 보며 뿌듯하셨을
것이다.

나의 어머니는 여든아홉에 돌아가셨는데 여든이 넘어서부
터는 여기저기 편찮은 데가 많았다. 병원 출입도 잦았다. 그러
다 보니 죽음에 대한 이야기를 자연스럽게 나누게 되었다.

그즈음 내가 물었다.

"엄마, 다시 태어나면 무슨 일을 하고 싶어요?"

어머니가 망설임 없이 바로 답하셨다.

"그땐 많이 배워서 사업을 한번 해보고 싶어."

어머니는 열아홉에 시집와 아들 셋, 딸 둘을 낳고 농부의 아
내로 사셨다. 그러나 그것으로 만족하기에는 아쉬운 게 많았

던 것 같다.

어렸을 때 어머니를 따라 오일장이 서던 읍내에 종종 나갔다. 어느 날 어머니가 화려한 옷감을 쌓아놓은 포목점에서 물건을 사서 나오며 말씀했다.

"나도 이런 거 하면 잘했을 텐데."

아마 그랬으면 정말 큰 사업가가 되셨을 것이다. 옷감을 사다가 딸들의 원피스를 만들어주곤 했는데, 작은 보석 같은 것들을 박아서 어찌나 맵시 있게 만들어 입혔는지 그 옷을 입고 나가면 사람들이 어머니의 솜씨에 감탄하고는 했다.

어머니는 무엇이든 잘하셨다. 농사짓는 그 바쁜 와중에도 콩을 갈아 두부를 만들었고, 장 담그는 솜씨도 보통이 아니었다. 나는 아직도 어머니가 담가주던 그 청국장 맛을 어디에서도 찾지 못했다. 텃밭에 나가 배추를 뽑아다 끓여주던 된장국, 잘 삶은 시금치나물이며 비름나물 무침은 또 얼마나 맛있었던가.

음식 솜씨가 좋다 보니 어머니는 늘 동네 잔칫집에 불려 다니셨다. 또 볏가리를 얼마나 잘 쌓았는지, 우리 집 것은 물론 남의 집 것까지도 쌓아주느라 언제나 바빴다.

집이 동네 입구에 있어서 항시 동네 사람들이 드나들었다. 장날이면 지나가다 들어와 이런저런 얘기를 풀어놓는 일이 다반사였고, 그럴 때마다 대부분은 우리 집 밥상에 끼어 앉아 밥을 드시곤 했다. 어머니는 동네 사람들이 우리 집에 들러 고민을 털어놓으면 척척 상담을 해주었고, 동네에 싸움이 나면 불려 가서 해결사 노릇을 했다. 그러다가도 안 되면 경찰서로 데리고 가 해결을 보곤 하던 어머니였다. 동네 할머니 한 분이 '너희 엄마가 동네 변호사 노릇을 하니까 사무실을 하나 차려 주어야 한다'고 하실 정도였다. 그만큼 사리분별이 뛰어나고 영민한 분이었다.

어머니에게 들은 말 가운데 가슴에 가장 깊이 남아 있는 것이 '단결斷決에 해라'라는 말씀이다. 결단을 내렸으면 바로 행동하라는 의미였던 것 같다. 어머니가 그렇게 사신 분이다. 우물쭈물 미루는 법 없이 바로 밀고 나가 행동에 옮기며 사셨다. 그랬기에 소작농이던 가난한 아버지에게 시집와 오래지 않아 200여 호 되는 동네에서 가장 많은 농토를 가질 수 있었을 것이다.

　어머니가 절에 다니기 시작한 것은 내가 고등학교 다닐 때
쯤이었는데, 곧 절의 신도회장을 맡아 적극적으로 불사에 앞
장섰다. 퇴락한 시골 절을 새로 짓는 데 나서서 많은 사람들에
게 시주를 권했고 당신도 시주했다. 오랫동안 신도회장을 맡
으면서 어머니가 한 일은 불경 공부가 아니었다. 불사에 열중
하고 절에 오는 사람들을 데리고 성지순례를 다니셨다.

　어머니가 기도를 하신 건 성지순례를 할 때였던 것 같다. 어
머니의 부처님은 이름난 전국의 법당에 앉아 계신 부처님이
었을 테니 그곳에서 밤새 자식들의 안위를 위해서 기도하셨
을 것이다. 내가 인도를 다녀왔을 때 어머니가 눈을 반짝이면
서 물었다.

　"그래 부처님께서 태어나신 나라는 어떻더냐?"

　두고두고 회한에 젖는다. 어머니를 모시고 인도에 가지 못
했던 것을. 유행가 가사처럼 영원한 줄 알았다. 어머니가 오래
내 곁에 계실 줄 착각했다. 어머니가 말씀하셨던 '단결에 하

라'는 말씀을 실천하지 못한 과보였다. 그래도 우물쭈물 오늘 할 일을 내일로 미루며 살아온 자식을 꾸짖지 않았던 어머니. 그래도 너는 배웠으니까, 배워서 부처님 말씀도 잘 아니까, 하시고 귀히 여겨주셨던 어머니였다.

어머니의 불교를 보면서 생각해보곤 한다. 그 많은 이론을 알아도 행동에 옮기지 않으면 무슨 소용이 있겠는가. 많은 것을 몰라도 하나만 분명히 알면 되고 그 하나를 실천하면 되는 것 아닌가. 영어 발음이 도저히 안 돼서 전화번호 수첩에 슈퍼마켓을 '스푸막개'로 적어놓고, 안티푸라민을 '안트푸라미'라고 발음하셨던 어머니지만, 그래서 다음 생엔 많이 배우고 싶다고 하신 어머니였지만, 현재가 전부였고 그 현재에 분별하는 마음 없이 삶 전부를 던지며 사셨던 어머니의 불교가 진짜 불교였다고 생각한다. 뜻은 모르지만 '마하반야바라밀'을 정성껏 종이에 쓰곤 하셨던 어머니의 신앙이 대학을 나온 나의 불교보다 훨씬 건강하고 아름다웠다는 생각이 든다.

몇 년째 한 달에 한 번씩 1박 2일 정진을 하러 태안의 수행처 묘금륜원에 가고 있다. 서울에서 버스를 타고 가다 보면 멀리 우리가 살았던 동네가 보인다. 평택평야 너머로 동네가 보일 때마다 돌아가신 부모님 생각이 났다.

올 1월 어느 토요일, 마침 그곳을 지나는데 도반의 문자 한 통이 도착했다. 베트남의 틱낫한 스님이 열반에 드셨다는 내용이었다. 스님의 열반송이라며 함께 보낸 글을 읽으며 눈물을 펑펑 쏟고 말았다. 신산하면서도 위대한 삶을 살았던 스님이 외친 '자유'라는 단어가 가슴에 사무쳐 들어왔다. 그날은 어머니에 대한 그리움을 핑계 삼아 한참 눈물을 쏟았다.

이 몸은 내가 아니다. 이 몸은 나를 가둘 수 없다.
나는 경계가 없는 생명이다.
나는 태어난 적도 죽은 적도 없다.
저 넓은 바다와 하늘, 수많은 우주는 다 의식에 의하여 나타난다.
나는 시초부터 자유 그 자체였다.
생사는 오고 가는 출입문일 뿐이다.

태어나고 죽는 것은 숨바꼭질의 놀이일 뿐이다.

그리하여 내 손을 잡고 웃으면서 잘 가라고 인사하자.

내일, 어쩌면 그 전에 다시 만날 것이다.

근본자리에서 항상 다시 만날 것이다.

삶의 수많은 길에서 항상 다시 만난다.

– 틱낫한 스님

그날 이후에도 여러 번 스님의 열반송을 읽었다. 음미할수록 언젠가 내가 세상과 작별하게 될 때 내 자식들에게 하고 싶은 말처럼 느껴지곤 한다. 나의 어머니도 세상을 떠나며 자식들에게 이렇게 말하고 싶지 않으셨을까.

"삶의 수많은 길에서 다시 만날 것이다. 우리는 모두 경계 없는 생명이니까. 그러니 울지들 말거라. 안녕!"

어머니가 돌아가시고 나서 무심코 곁에 있던 큰딸에게 '할머니는 지금 어디 계시려나?' 하고 묻자 딸이 바로 이렇게 말했다.

"할머니는 파리에서 태어나셨을 거야. 그리고 평소에 옷을 잘 입으신 멋쟁이셨으니까 훌륭한 디자이너가 되실 거야."

엄마인 나를 위로한 말이었겠지만 그렇게 믿고 싶다. 많이 공부해서 다음 생엔 사업가가 되고 싶다던 꿈을 이루시길 기도한다. 나의 어머니로 계셨던 인연에 감사하며.